U0513407

本书为湖北省社科基金项目成果，项目批号：2011LW024；

本书为华中科技大学自主创新研究基金项目，

得到"中央高校基本科研业务费"资助，项目批号：2012WZX002。

特此致谢！

民国时期社会保险理论与实践研究

THE STUDY ON
THEORY AND PRACTICE OF
SOCIAL INSURANCE
DURING THE PERIOD OF THE REPUBLIC OF CHINA

李 琼◎著

社会科学文献出版社
SOCIAL SCIENCES ACADEMIC PRESS (CHINA)

内容提要

　　民国时期，是现代社会转型的开始阶段，这一时期的社会保障制度也开始由传统社会救济模式向现代社会保险模式转型。社会保险，这一大工业条件下的社会保障制度在民国时期也开始萌芽。

　　本书第一章分析了民国时期社会保险产生的原因。社会保险与工业化密切相关，工业化的初步发展促使城市化进程加快，使得城市中劳工问题十分突出。一方面，农业社会传统的社会保障制度已不能适应工业社会发展的需要；另一方面，随着劳工工伤事故、失业频发，为了稳定社会统治基础，政府有必要强制采取社会保险的方式，通过充实社会保障的内容，达到巩固社会秩序的目的。因此，工业化、城市化成为催生社会保险的重要动因。中国共产党、国民党对劳工问题颇为关注，其社会政策中即有实施社会保险以保护劳工利益的主张。民国时期包括一些学者在内的社会各界呼吁政府立法，实行社会保险保护劳工，推动了政府的劳动立法，而国外社会保险制度和国际劳工组织对民国时期政府颁行劳动法规更是起到了直接推动作用。

　　本书第二章论述了民国时期社会保险的思想理论基础。中国传统社会思想中的救荒思想、大同社会理想、民本主义思想和社会互助思想都带有朴素的社会保障思想，是民国时期社会保险诞生的重要思想渊源。孙中山先生的民生主义是国民党社会政策的指导思想，其中即蕴含丰富的社会保障思想。西方工业国家社会保险思想和实践经验的传入，为社会保障模式现代化提供了理论基础和现实参照。与此同时，学术界关于社会救济、社会保险、社会福利等社会保障问题的研究也为社会保险制度建设提供了理论基础。马克思、列宁社会保障思想是苏联国家保险的指导思想，受其影响，中国共产党在革命实践中有实行国家保险模式的劳动保险主张。

本书第三章对社会保险立法和社会保险行政进行了论述。社会保险制度最终生成的重要指标，就是相关立法的出现，政府有相关的职能部门专司其职。民国时期社会保险立法作为社会立法活动的一项重要内容，受工业发达国家社会保险制度和国际劳工组织国际立法的影响，经历了从萌芽、草创到确立社会保险法原则的过程。20 世纪 20 年代，储蓄和社会保险的内容已出现于北京政府的劳工立法之中；20 年代末和 30 年代，南京国民政府先后制定了《劳动保险草案》和《强制劳动保险法草案》；40 年代国民政府确定了《社会保险法原则》，在 1947 年《宪法》中确定"国家为谋社会福利，应实施社会保险制度"，并拟订了健康保险、伤害保险等各项社会保险专门法草案，我国的社会保险制度进入草创阶段。与此同时，社会保险行政也逐步走向专门化，南京国民政府社会部社会福利司第一科执掌社会保险事务，并于 1947 年改为中央社会保险局筹备处。中国共产党则在革命根据地进行了社会保险立法和实践，为新中国社会保险事业积累了经验。民国时期社会保险立法，开启了当今中国大陆地区和台湾地区不同的社会保障之路。

本书第四章介绍了社会保险实务。民国时期，中国虽未建立比较完善的社会保险制度，但社会保险实务并不鲜见。20 世纪 20 年代，诸如疾病保险、伤残保险、养老保险等社会保险内容在员工抚恤待遇中出现，可以商务印书馆为例。30年代社会保险实务增多，出现了上海人力车夫互助保险、国家通过立法推行邮政储金汇业局简易人寿保险及各厂矿的强制储蓄，社会保险实践初见成效。抗日战争中，资源委员会借助商业保险的形式，实行强制性员工寿险；1944年，社会部举办川北盐场盐工保险，其由政府主导，强制盐工参加，雇主和盐工分担保险费，并以《川北区各场盐工保险暂行办法》为实行依据，因而被视为民国时期国民政府举办"劳工保险的嚆矢"。东北解放区公营企业战时劳动保险则是中国共产党第一次在较大范围的地区建立社会保险制度。

民国不长的38年时间中，除了1927～1937年有一个较为稳定的经济建设时期，其余时间则陷入内乱外患之中，经济的建设、社会的发展缺乏一定的有利条件。在这样的环境中，中国并没有建立起包括失业保险、伤残保险、生育保险、养老保险等在内的，比较完善的社会保险制度；社会保险实践的范围也十分狭小，仅限于部分厂矿企业，更何谈农村社会保险。但是，相对于中国传统以家庭、宗族为保障依托，以社会救济、社会抚恤为主要内容的社会保障制度来说，它是中国社会保障制度由传统向现代转变过程中的新生事物，这是中国对现代社会保障事业的有益探索，是适应时代潮流、建设现代文明的举措。

关键词：民国时期　国民政府　社会保险立法　社会保险实务

目　　录

Contents

绪　　论

一　选题缘起

社会保险有"社会安全阀"之称，是现代社会保障制度的基本内容。从现代社会保险的发展史来说，它起源于19世纪80年代的德国，推广于20世纪初年的欧洲，兴盛于第二次世界大战期间并在战后得到迅速发展，现在正处于改革和调整阶段。民国时期（1912~1949年），中国正处于从传统社会向现代社会转型的过渡时期，各种社会保障制度也处于新旧交叠嬗变之际。民国时期是否产生过社会保险制度？这种制度是否对当时的中国产生较大影响？诸如此类的问题，都需要我们进行探索。与此同时，笔者也同意，在民国时期的社会保障制度中，"虽然……社会保障制度仍由传统的社会救济形式占主导地位，但其已开始向现代的社会保险、社会福利混合型过渡，产生了以现代工业为背景的社会保险制度"[①]。那么，民国时期的社会保险制度与社会保

[①]　朱汉国主编《中国社会通史·民国卷》，山西教育出版社，1996，第535页。

障制度有何联系，研究这一问题又有何现实意义，也是应该加以关注的。

本课题的研究具有较大的学术价值。

社会保险是现代工业背景下社会保障制度的重要组成部分，其出发点是为了解决人们在新的历史条件下所面临的疾病、伤残、失业、养老、死亡等重要问题。民国时期，中国现代工业和城市化有了初步发展，产生了劳工等新的职业群体，与之相伴随的是出现了农业时代所未有的劳动风险和工业伤害。此时以家庭、宗族为依托的传统社会救济已经不能满足这些职业群体的现实需要，社会保障制度亟须变革，在此情况下，社会保险应运而生。

长期以来，人们曾认为社会保险制度是共和国成立以后才建立起来的，劳动保险制度是社会主义制度优越性的体现；也有人从当代社会保障制度的模式来审视历史，认为民国时期社会经济十分落后，几乎没有或只有零星的社会保险措施。[①] 由于这些观点存在，因而民国时期的社会保险研究并未得到应有的重视，缺乏研究基础[②]。因此，本课题对民国时期社会保险制度产生的历史原因、思想与理论基础以及社会保险立法和社会保险实务等情况进行探析，不仅从新的角度论

[①] 如严忠勤主编《当代中国的职工工资和社会保险》，中国社会科学出版社，1987；杨斌、刘景伟主编《社会保险指南》，南开大学出版社，1992；林闽钢：《现代社会保障》，中国商业出版社，1997。

[②] 就笔者掌握资料所见，专著方面仅有朱汉国主编《中国社会通史·民国卷》，山西教育出版社，1996；岳宗福：《近代中国社会保障立法研究（1912-1949）》，齐鲁书社，2006。论文方面有陈竹君《南京国民政府劳工福利政策研究》，《江汉论坛》2002年第6期；齐瑜：《民国时期社会保障建设中的劳工保护问题》，中国人民大学博士学位论文，2003；岳宗福、聂家华：《国民政府社会保险立法述论》，《山东农业大学学报》（社科版）2004年第4期；赵宝爱、龚晓洁：《抗战前青岛的社会保障事业》，《东方论坛》2005年第4期。此外，笔者也在这方面进行了初步研究，发表了相关文章：《民国时期社会保险初探》，《华中科技大学学报》（哲社版）2006年第1期；《20世纪40年代川北盐场盐工保险述论》，《民国档案》2006年第4期。

述其社会保险制度，而且也深化了民国经济史和社会史的研究，具有十分重要的学术意义。

同时，我们还看到，中国共产党在创建革命根据地的历史进程中，学习苏联的社会保障制度，也主张实行劳动保险，颁布了一系列劳动保险的法规、条例等，而且，抗战胜利后，在东北根据地的国营企业中，正式实行劳动保险制度。这一页历史，我们也不应忽视。

本课题的研究具有较大的现实意义。

历史研究的意义之一，在于总结过去的经验和教训，并探索其规律，为解决现实问题提供借鉴。当前，中国现代化建设如火如荼，社会处于急剧的变革时期，社会保险关系到人们的切身利益和社会的稳定，得到国家的高度重视和大力推行，2011 年通过了《社会保险法》。据我国人力资源和社会保障部发布的《2013 年全国社会保险情况》，截至 2013 年底，全国参加城镇职工基本养老保险人数为 32218 万人，城乡居民基本养老保险参保人数达到 49750 万人，城镇基本医疗保险参保人数为 57073 万人，参加工伤保险人数为 19917 万人，参加生育保险人数为 16392 万人[①]。取得这样的成绩是十分不容易的，但是，对于中国庞大的 13 亿人口基数来说，目前的社会保险覆盖范围还远远不够，还需要进一步的发展。在目前中国经济基础还不很雄厚，社会保障历史包袱较大的情况下，如何结合中国的实际情况，建立一个覆盖面较大、效益较好的社会保险制度，仍处于改革和探索中。毫无疑问，建立和完善新的社会保险制度势在必行。所以，我们研究民国时期的社会保险制度，也可为当前中国新的社会保险制度的建立提供借鉴。

---

① 《2013 年全国社会保险情况》，人社网（http：//www.mohrss.gov.cn）2014 年 6 月 24 日，http：//www.mohrss.gov.cn/SYrlzyhshbzb/dongtaixinwen/shizhengyaowen/201406/t20140624 _ 132597. html。

二　本选题的研究历史和现状

社会保险制度发轫于民国时期，当时中国内忧外患，关于社会保险制度的研究受现实条件限制，介绍性成果较多，学术性研究较少，主要集中在以下三个方面。

第一，介绍西方社会保险思想和各国社会保险制度。

晚清时期，得风气之先的知识分子在思考中国面临"数千年未有之大变局"、寻求富国强兵之途时，自然而然地将目光投向比中国先进的资本主义社会，向西方国家寻找真理。他们通过亲身考察或了解社会保障制度，认为西方社会的社会保险制度，对中国也有重要的参考作用，因之，西方社会保险理念开始传入中国。19 世纪 40 年代，魏源在《海国图志》中介绍了英国的保险业。该书把保险（Insurance）意译为"担保"，把保险公司（Insurance Company）译为"担保会"，把火灾保险（Fire Insurance）译为"宅担保"，把海上保险（Marine Insurance）译为"船担保"，把人寿保险（Life Insurance）译为"命担保"。[①] 后来，19 世纪 50 年代，洋务派知识分子冯桂芬曾撰文介绍荷兰的社会福利保障制度，"荷兰有养贫、教贫二局，途有乞人，官若绅辄收之，老幼残疾入养局，廪之而已"[②]。郑观应作为洋务企业的举办者，主张振兴民族工商业，与列强商战。他对西方国家实施的慈善、恤工制度非常欣赏，在其著作中介绍了德国刚刚推行的"百工保险"的办法："凡七日抽工银数厘，厂主各助数厘，国家贴官帑若干，积成巨款。如遇百工或老、或弱、或疾病、或受伤，即将保

---

① 参见中国保险学会《中国保险史》，中国金融出版社，1998，第 29～31 页。
② （清）冯桂芬：《收贫民议》，《校邠庐抗议》，中州古籍出版社，1998，第 154 页。

险之资拨赔养赡。"①

　　民国伊始，有人进一步介绍和宣传了西方的社会保险制度，为社会保险制度在中国的初步建立奠定了基础。《生活杂志》于1912年10月刊登了罗甸的《劳动保险制》一文。此后，《东方杂志》在1918年和1919年分别刊登了君实的《劳动者失业保险制度》和《劳动者疾病保险制度》两篇文章；1920年又刊登了若愚的《德国劳工各种保险组织》一文。上述文章对德国实行的失业保险、疾病保险的介绍，使人们对刚刚兴起的社会保险制度有了初步的了解，进而希望中国加以仿行。若愚指出："德国在世界上为实行社会改革政策最早的国家，所以我将他待遇工人的变法摘要介绍，以便我们国内各大工厂模仿实行。"② 进入20年代以后，劳工问题、难民救济问题等社会问题日益突出，国外社会保障成为时人关注的焦点，对德国、日本、美国、英国、苏联等国社会保险制度的介绍也逐渐增多，出现了一些译著和专著。1928年，南京国民政府财政部驻沪调查货价处编译了一套"劳工问题丛书"，其中《社会保障》于5月出版。该书译自美国康门司（J. R. Commons）和安地司（J. B. Andrews）合著的《劳工立法原则》一书的第8章，论述工业灾害、健康、养老、残疾、孤寡、失业等的保险问题。郭寿华翻译了德国格尔拉哈所著的《德国社会政策》一书（精一书店，1933），其内容包括德国社会问题的发生、社会主义及社会改良的思想、劳动供给与失业救济、工资政策、社会保险等。上述译著在中国出版后，西方社会保险制度对南京国民政府产生了一定的影响。1939年，国民党中央所属的社会部编译委员会编译出版了《日本厚生省保险院行政要览》一书，介绍了日本保险院的历史沿革及其

<hr>

① （清）郑观应：《善举》，《盛世危言》，中州古籍出版社，1998，第249页。
② 若愚：《德国劳工各种保险组织》，《东方杂志》第17卷第19号。

下属的总务局、社会保险局、简易保险局的组织机构及业务概况，由此可见，西方的社会保险制度此时已引起国民政府的关注。从 1944 年起，由国民政府社会部主办的《社会工作通讯月刊》设立专门栏目，介绍各国社会保险发展的最新动态。此时，国民政府更加重视外国的社会保险制度，以之作为建设中国社会保险制度的一种借鉴。

第二，二三十年代出现了较多关于社会保险学说的专著。

这些专著内容一般包括社会保险概念、种类、历史及各国社会保险制度概况，也有为中国社会保险制度献言献策者。何思源的著作《社会政策大要》（中山大学政治训育部，1927 年）是一部关于社会学及社会保险方面的专著，内容包括绪论、劳动法、劳动保护和社会保险四部分，对劳工保险进行了重点探讨。张法尧编写的《社会保险要义》（华通书局，1931 年），是中国国家图书馆数据库中最早的研究社会保险的专著。他向国人介绍了世界各国社会保险的概念、种类、历史，以及各国社会保险制度的概况等，阐明了社会保险的意义和可借鉴的模式，书后附有"法兰西修正社会保险法规"的内容。吴耀麟的著作《社会保险之理论与实际》（大东书局，1932 年）则概述了社会保险的原理、起源、种类、制度及各国社会保险制度及中国的救济制度，并对中国应实行什么样的社会保险制度提出了自己的观点：中国应实施以伤害保险、疾病保险、老废保险和失业保险先行的强制性社会保险。特别是此时中国已经有了社会保险立法的萌芽，此书附有1929 年广东省建设厅劳动法起草委员会编撰的《劳动保险草案》，颇有文献价值。40 年代，林良桐编写的《社会保险》（正中书局，1944年）专门介绍了包括伤害保险、健康保险、老废保险、失业保险在内的社会保险内容。作者特别在导言中坦诚地表明了对当时中国社会保险立法的看法："我们应先集中力量于社会保险先决条件的促进"，否则，"太早颁布法规，不但施行发生困难，反会妨碍社会保险制度的实现"①。

　　第三，研究社会保险立法和实务，并探讨中国社会保险制度建设。

　　南京国民政府建立后，社会保险立法进入草创阶段，在此基础上出现了社会保险立法研究。陈达在《中国劳工问题》（商务印书馆，1929 年）一书中，在介绍世界劳工理论及法规后，对其长期搜集的中国劳工问题资料进行分析。他认为，实行社会保险是解决劳工问题的最佳途径。李葆森的《劳动保险法 ABC》（ABC 丛书社，1931 年）则在 1929 年的《劳动保险草案》的基础上，进一步对伤害保险、疾病保险、寡妇和孤儿保险、健康保险、失业保险等社会保险内容作了介绍。金禹范的《劳动保险法概论》（乐华图书公司，1935 年）从劳动保险之组织及经营到疾病保险、伤害保险、老废保险、失业保险等方面，论述各国劳动保险立法原理、得失，并介绍了我国当时各工厂之劳工救济方法。任源远的《社会保险立法之趋势》（上海彤学社，1936 年）一书对一般社会保险制度、任意的社会保险制度与强制的社会保险制度三方面进行了具体比较，论述了各国现行社会保险法中强制的社会保险制度所处之地位，在此基础上探讨了社会劳动保险制度与立法问题。1929 年，南京国民政府卫生部编印的《健康保险计划书》，除介绍有关实行健康保险制度的计划外，还附有各国实行健康保险沿革、各国健康保险制度之纲要等文章。

　　40 年代，国外社会保障制度有了显著发展，南京国民政府社会部成立后，加强了社会保险的立法和试点工作，注意翻译国外著作，介绍国外相关动态。社会部下属的社会福利司编印了《社会保险概述》，

---

① 　林良桐编著《社会保险》，正中书局，1944，"导言"，第 2 页。

介绍了社会保险法之意义、方针、法规、设施；另在《社会保险法原则》中规定了保险宗旨、保险种类、被保险人之范围、保险给付和保险法规等，并附有社会保险法原则说明书。社会部还编有《社会工作通讯月刊》，刊登了不少相关研究文章，如陈煜堃的《论社会保险费用之负担》、杨智的《论社会立法》、张鸿钧的《三十七年度社会福利工作的重点》、包国华的《卅七年度中国社会保险局筹备处中心工作》等。

陈煜堃的《社会保险概论》（南京经纬社，1942年12月初版）是40年代比较有代表性的著作。该书"旨在以浅近之印证，谋达普遍认识之目的"[①]，主要内容为保险制度之产生及其要素、种类与经营，并探讨了社会保险的基本理论、社会保险的演进、社会保险的技术与财务等问题，简要介绍了中国社会保险概况。此书还附有社会部拟定的《社会保险法原则草案》与《社会保险方案草案》，从中可以了解40年代社会保险立法内容。吴至信在资源委员会任职期间，于1937年3月至6月在长江以北21处工业区及矿区，从待遇和设施两大方面对工人福利进行了调查，后来在此基础上完成《中国惠工事业》（世界书局，1940）一书，得到专家好评。社会学家陈达肯定了该书对于工业与劳工问题研究有明显贡献，并可为政府实施社会政策提供重要参考资料。国际劳工局中国分局局长程海峰认为"此书对于惠工事业之范围与类别已为整理出来一个简要清晰的系统……可为国内惠工事业作一综合的检讨"[②]。从此书中我们可以了解到民国时期社会保险的确在一些大型厂矿实行，此书也是笔者参考的重要资料。

[①] 陈煜堃：《社会保险概论》，南京经纬社，1946，"自序"，第2页。

[②] 吴至信：《中国惠工事业》，陈达序，程海峰序，李文海主编《民国时期社会调查丛编·社会保障卷》，福建教育出版社，2004，第108、110页。

　　总而言之，吴耀麟和陈煜堃的专著对民国时期社会保险实务有所论述，并就民国时期社会保险制度建设进行了探讨。他们都认为，中国应实行强制保险，即"以法律的强制，规定劳动者有参加社会保险的义务，用法律的手段去执行，才可收到相当的功效"①。至于保险经费的负担问题，应遵照"各国采用的最普遍的办法，即由雇主、政府、被保险人三方面共同分担为原则"②。

　　中华人民共和国成立后，实行苏联模式的社会保险制度，20 世纪 50 年代关于社会保险的 7 本文献，主要是对苏联社会保险的翻译与介绍，"1956 ~ 1979 年一连 24 年始终没有社会保险方面的译介与研究"③，几乎没有对民国时期的社会保险制度进行研究。这种状况在实行改革开放后发生了巨大变化。80 年代以来，由于研究中国现代社会保障制度的需要，对清末、民国时期社会保障制度的研究成为新的研究点并取得可观的成绩，有关灾荒救济、难民救济、慈善事业等的研究成果频出，对社会保险的研究则较为少见④。

　　尽管如此，在大学教科书和从事社会保障研究的学者论著之中，仍有少数有关社会保险的介绍和研究，主要情况如下。

　　第一，大专院校社会保障专业研究论著中对民国时期社会保险的简介。

　　杨斌、刘景伟主编的《社会保险指南》是一部关于社会保险工作

---

① 吴耀麟：《社会保险之理论与实际》，大东书局，1932，第 194 页。
② 陈煜堃：《社会保险概论》，南京经纬社，1946，第 42 页。
③ 张永理：《中国大陆社会保障研究的起源与发展（1931－2007）》，知识产权出版社，2008，第 95 页。
④ 有关灾荒救济、难民救济和慈善事业的专著有敖文蔚：《中国近代社会与民政》，武汉大学出版社，1992；朱汉国主编《中国社会通史·民国卷》，山西教育出版社，1996；蔡勤禹：《国家、社会与弱势群体：民国时期的社会救济》，天津人民出版社，2003；周秋光：《熊希龄与慈善教育事业》，湖南教育出版社，1992；孙艳魁：《苦难的人流》，广西师范大学出版社，1996；李文海：《中国近代十大灾荒》，上海人民出版社，1996。

的工具书。它根据不同内容采取问答的形式来释疑解惑。在论及民国时期的社会保险时，较为客观地认为"从总体上看，旧中国没有完整的社会保险"，"只是在一些较大厂矿企业中，在工人斗争的压力下，施行了一些残缺不全的社会保险项目"①。林闽钢在《现代社会保障》一书中则认为，革命根据地的社会保障制度处于萌芽时期。但他又认为："旧中国的社会福利、社会救济、救灾几乎是空白。工人阶级和广大劳动者身受帝国主义、封建主义、官僚资本主义的压迫，根本不可能有真正意义的社会保障。在国民党统治的地区，工人工资很低、劳动条件恶劣、休息时间很少，经过工人阶级斗争争取来的也是一些零星、标准很低的保险项目。"② 这一观点有失偏颇，并不符合历史的实际。邓大松主编的《社会保险》一书为高校社会保险专业教科书，该书对民国时期国民政府统治时期的社会保险实践加以肯定，在"旧中国国民党政府时期的社会保险"一节中指出："在孙中山先生社会保险思想指导下，国民党政府从20世纪20年代开始陆续举办了疾病保险，工伤保险，老年、残废和遗族保险等社会保险项目"，但同时认为"真正的社会保险项目在大都市并未广泛施行，尤其是人口众多的农村，更谈不上受其保障。在旧中国，影响较大、效果较显著的是那些具有现代社会保险性质的各种救灾保障项目"。这一判断是比较符合实际的。此外，"革命战争时期的社会保险"一节介绍了中国共产党在1949年前举办社会保险的历史，强调"根据地和解放区的社会保险是在特殊的经济和政治环境下实行的，其根本目的是从战时的要求出发，为党在全国夺取政权服务。这一时期的社会保险，在保险对

---

① 杨斌、刘景伟主编《社会保险指南》，南开大学出版社，1992，第492页。
② 林闽钢：《现代社会保障》，中国商业出版社，1998，第220页。

象、范围、给付条件与标准等方面，难免有很大的局限性"①。这一判断也比较符合实际。

第二，历史研究者的相关研究论著。

龚书铎总主编、朱汉国主编的《中国社会通史·民国卷》介绍了民国时期的社会保险，在一定程度上肯定了这一制度的历史进步性，并指出，民国时期"中国的社会保障制度开始由传统的社会救助型向现代的社会保险、社会福利混合型过渡"②。杨昌梯在《中国社会保障》（1997 年第 8 期）发表题为《中华苏维埃时期的社会保险》一文，介绍了根据地建立初期的社会保险立法。陈竹君在《南京国民政府劳工福利政策研究》（《江汉论坛》2002 年第 6 期）和《试论抗战时期国民政府的劳工福利政策及其缺陷》（《民国档案》2003 年第 1 期）两文中，也对南京国民政府的社会保险立法和实践进行了简要介绍。

对国民政府社会保险立法有详细研究的是岳宗福，他和聂家华在《国民政府社会保险立法述论》一文中论述了国民政府社会保险立法从草创、拟订单行法、试办社会保险到确定基本原则的过程，既肯定了"国民政府拟定了第一批社会保险法规，这是中国社会保险制度化的第一次尝试"，"是中国社会保障模式从传统向现代转型的重要枢纽"，"是中国法制近代化的重要环节"，也指出其效率低下、质量低劣、内容有限、与实践脱节等不足之处。③ 岳宗福在《近代中国社会保障立法研究（1912–1949）》一书中分析了近代中国社会保障立法的历史背景和社会动机、思想渊源及理论基础以及社会政策和社会行政

---

① 邓大松主编《社会保险》，中国劳动社会保障出版社，2002，第 240、229、293 页。
② 朱汉国主编《中国社会通史·民国卷》，山西教育出版社，1996，第 535 页。
③ 岳宗福、聂家华：《国民政府社会保险立法述论》，《山东农业大学学报（社科版）》2004 年第 4 期。

问题，从社会救济立法、社会保险立法、社会福利立法和社会抚恤立法四个方面对社会保障立法进行了梳理、分析和评价，在中国史学界尚属首次。该书对笔者有不少启发，尤其是社会保险立法颇有借鉴意义。

汪华在《近代上海社会保障事业初探（1927—1937）》一文中对上海职工储蓄保险这种社会保险形式进行了考察，认为"这至少在制度上体现了政府所实施的劳动保险在一定程度上得以推行"①。宋士云在《民国时期中国社会保障制度与绩效浅析》一文中指出："工人阶级为争取社会保险立法而斗争，一些社会保险法规措施开始颁布，但真正实施的较少"，但他又指出："在民国以前和民国时期，中国还谈不上有什么社会保险"②，后者不符合客观情况。笔者在《民国时期社会保险初探》[《华中科技大学学报》（社会科学版）2006 年第 1 期]一文中，对民国时期出现的以 30 年代上海租界人力车夫互助保险、简易人寿保险和 40 年代国民政府川北盐工保险为代表的社会保险实践进行了考察，认为民国时期社会经济发展的需要、国际劳工组织的推动和国外社会保险发展的影响诸因素，推动了中国社会保险实践的出现。这一时期的社会保险实践虽然在实际效果上不尽如人意，但对中国社会保险制度进行了有益探索，标志着中国社会保障制度由传统向现代的转型，是中国现代社会保障建设的重要一步。笔者的《20 世纪 40 年代川北盐场盐工保险述论》（《民国档案》2006 年第 4 期），是对 20 世纪 40 年代四川北部盐场盐工社会保险实务的个案研究。该文对川北盐工保险的起因、办理简况及其特点等进行了较深入的论述，并指出川北盐工保险实践活动在民国时期社会保障制度现代化转型过程

---

① 汪华：《近代上海社会保障事业初探（1927—1937）》，《史林》2003 年第 6 期。

② 宋士云：《民国时期中国社会保障制度与绩效浅析》，《齐鲁学刊》2004 年第 5 期。

中所具有的典型意义。川北盐工保险实践是政府在社会保险中主体地位的一次彰显，是充分借鉴国外社会保险制度并结合川北盐场实际情况，创造性地解决劳工问题的一次实践。此外，王庆德的《民国年间中国邮政简易寿险述论》（《历史档案》2001 年第 1 期）、杜恂诚的《近代中国的商业性社会保障——以华安合群保寿公司为中心的考察》（《历史研究》2004 年第 5 期）、赵宝爱和龚晓洁的《抗战前青岛的社会保障事业》（《东方论坛》2005 年第 4 期）等文，对民国时期带有社会保险性质的人寿保险也进行了研究。

为区别于资本主义社会保险制度，社会保险曾被称为劳动保险。改革开放以来，劳工运动史、革命根据地等研究焕发新意，中国共产党的社会保险主张、社会保险政策、劳动保险实践成为新的研究内容。张希坡编著的《革命根据地的工运纲领和劳动立法史》（中国劳动出版社，1993），对这一时期的工人运动和劳动立法进行了研究，比较全面地介绍了中国共产党的社会保险政策。严忠勤主编的《当代中国的职工工资福利和社会保险》（中国社会科学出版社，1987）一书也对新中国成立前中国共产党的社会保险主张及实践有所论及。

此外，我国港台地区和国外中国近代史的研究者，对民国时期的社会保险研究没有给予过多关注。我们所能看到的，只有我国台湾地区保险专业书籍的有关介绍。如有人认为，南京国民政府 1943 年公布的《川北区各场盐工保险暂行办法》这一法令，是"实行劳工保险的嚆矢"①。中国国民党党史编纂委员会编印的《中华民国社会发展史》和《革命文献》，除辑录民国时期社会保险政策、社会保险立法、社会工作行政和川北盐场盐工保险等方面的文献外，还对这一时期的社

---

① 参见袁宗蔚《保险学》，台北：三民书局，1981，第 386 页；陈云中：《保险学》，台北：五南图书出版公司，1985，第 581 页。

会保险制度进行了简单的介绍。秦孝仪等人认为，民国时期社会保障制度建设，"主要成绩仍只见于政策的制定与社会立法的颁布……人民并未享受到实质的福利"①，这一观点符合实际。陈国钧的《社会政策与社会立法》（三民书局，1984）一书，对国民党在大陆期间的劳工立法和社会保险立法，以及社会保险行政等进行了较为详细的介绍。台湾私立文化大学刘见祥的博士学位论文《我国社会保险政策与实践研究》（1991 年未刊稿），对民国时期社会保险政策和社会保险立法也进行了简要追述，他将国民党败退台湾之前的社会保险立法分为草创、中央试办、奠基三个阶段。② 台湾"中国文化大学"徐广正的博士论文《三民主义劳工保险制度保障劳工生存权之研究》（1993 年未刊稿）的研究重点在当代，但对民国时期社会保险立法和实践也有简单论及。

从现有的研究成果来看，民国时期社会保险的研究，主要集中在南京国民政府和根据地的社会保险立法方面，对社会保险思想、社会保险行政、社会保险实务研究着力较少。这或许是因为社会保险立法的有关资料相对而言较易搜集，而其他相关资料则较为分散、不易获得的缘故。

三　基本研究思路和创新点

本研究在尽可能多地占用和选择资料的基础上，采用历史学的实证方法，同时借用政治学、经济学、社会学的相关方法，对民国时期的社会保险进行综合研究。

---

① 秦孝仪主编《中华民国社会发展史》（第 3 册），台北：近代中国出版社，1985，第 1665 页。
② 刘见祥：《我国社会保险政策与实践研究》，台湾私立文化大学博士学位论文，1991，第 235 ~ 238 页。

　　本研究尝试从历史背景入手，从社会经济发展的现实需要、社会各界对劳工问题的关注、国际劳工组织的推动三个方面，对社会保险产生的原因进行分析。进而论述民国时期社会保险思想及理论基础，指出中国传统保障思想和西方社会保险理论是其两个来源。社会保险立法和专门行政机构的设立是社会保险制度建立的标志。在此基础上，笔者认为，民国时期的社会保险制度还处于初创阶段，有待于发展和完善，但其划时代的历史意义是不容否定的。

　　本研究的创新之处有三。

　　一是在利用民国时期社会保险研究的基础上，加深对这一课题的探索，并总结出新的认识。如前所述，已有学者对民国时期社会保险立法进行研究，在社会保障研究中对社会保险实务也有所涉及。本研究通过对社会保险实务的论述，在实证的基础上，将关于社会保险立法的研究推进一步，厘清社会保险制度、措施与实际效果之间的差异，从而对民国时期社会保险给予客观的评价。

　　二是对民国时期社会保险思想进行初步研究，强调中国传统的荒政思想、大同社会理想、民本思想和互助思想是民国时期社会保险制度产生的渊源之一，同时，借鉴西方社会保险制度，并参照孙中山民生主义思想，进一步探讨了民国时期社会保险制度产生的历史外因。

　　三是力图对南京国民政府社会保险制度进行剖析，总结经验与教训。在经验方面，笔者认为，社会保险制度的建立要与一定的社会经济发展水平相适应，这是由社会保险的必要条件决定的。民国时期社会保险制度的产生和发展无不说明，越是经济发达的地区，其社会保险政策的实行就越顺利。在教训方面，社会保险制度的推行，需要与之相适应的政治环境与社会环境，民国时期，社会保险制度的种种弊端，与此关系极大。同时，在管理和人才培养方面，作为后生型现代化国家的中国而言，还得虚心学习欧美和日本的有关先进经验，这可能是一种捷径，可以节省时间和人力。

四 社会保险概念的界定

"所谓社会保险，主要以劳动者为保障对象，以劳动者的年老、疾病、伤残、失业、死亡等特殊事件为保障内容的经济补偿机制，它强调受保障者权利与义务相结合，采取的是受益者与雇佣单位等共同供款和强制实施的方式，目的是为了解决劳动者的后顾之忧，维护社会的稳定。"[1] 这是我国当代对社会保险概念的界定。

民国时期，社会保险概念与此有所不同，经历了一个变化的过程。20 世纪 20 年代社会保险主要指劳工保险或劳动保险，"劳动保险，就是以保险方法来救济劳动者因负伤、疾病、老衰、残废、死亡、失业等生出经济上的损失而不能负担的"[2]，或"劳动者及其他所得微薄者在减少或丧失了劳动能力，又或丧失了劳动机会的时节，对于他们自身及其家族，填补其所蒙的损害，以除去经济生活的不安为目的之保险"[3]。这时的概念中确立社会保险的对象是劳动者，没有强调国家或政府的主体责任。进入 30 年代，社会保险逐渐取代劳动保险的名称，实施社会保险的主体在概念中得以突出："劳动保险的意义，就是说国家或私人，对于现代这些藉工资生活的劳动者，因为偶发的事故，减少或丧失劳动能力与劳动机会，因而将其时一人所受的经济损失，分配于大多数人的负担中。这便叫做劳动保险制度。又因这种保险制度，是国家的社会政策之一，所以又可叫做社会保险制度。这种保险

---

① 郑功成：《社会保障学》，商务印书馆，2000，第 18 页。
② 卢正：《劳动问题纲要》，广益书局，1929，第 87 页。
③ 张法尧：《社会保险要义》，华通书局，1931，第 1 页。

制度，可分两类，一是强制的，一是任意的。"① 陶百川还指出社会保险的实施主体是国家或私营企业主。"社会保险是用法律的强制，根据保险的原则，而预防和救济劳动者的危险的实施，以缓和阶级关系的冲突，一方面求劳动者生活的改善，一方面并维持生产力增加的效率"②，强调了社会保险的强制性及其作用。还有学者认为，"社会保险亦称劳动保险，系基于社会政策上之理由，以保障工人生活的安全而发生。其目的在利用保险方法以去补偿劳动者因偶然事故而减少或丧失其劳动能力及劳动机会所生出之经济上的损失"③。也有学者从保险经营为私营还是国营的角度来认识社会保险，"至于国家公营之保险，则由国家及其他地方自治团体所经营，与私人所营之保险，决不相同。公营保险，多属于劳工保险之一种，例如英国之邮务人寿保险是也"④。到了40年代，社会保险概念中政府主体突出，保险对象不再局限为劳动者："社会保险一词，含义原极宽广，概括然之，就是政府利用法律，按危险分担的原理，来策动社会力量，来发扬互助合作的精神，从而保障人群生活，策进社会安全的经济制度。"⑤

与社会保险概念相联系的，还有商业保险、社会救济、社会福利等概念。商业保险"是按照等价交换原则并以保险方与被保险方签订合同的形式来实现保险双方利益的一种风险管理机制"⑥。商业人身保险尤其是人寿保险是现代社会保险的有益补充，其与社会保险的根本区别在于它的营利性和非强制性。民国时期，正值欧美面向劳工阶级的简易人寿保险兴盛之时，因此简易人寿保险这种缴费低廉、手续简

① 陶百川：《中国劳动法之理论与实际》，大东书局，1931，第230页。
② 吴耀麟：《社会保险之理论与实际》，大东书局，1932，第5页。
③ 陈振鹭：《劳动问题大纲》，上海大学书店，1936，第22～23页。
④ 王效文：《保险法释义》，上海法学编译社，1936，第1页。
⑤ 陈煜堃：《社会保险概论》，南京经纬社，1942，第12页。
⑥ 郑功成：《社会保障学》，商务印书馆，2000，第34页。

单、不需体检的商业保险也被认为"为社会保险之一种"①，得到国家提倡，由邮政储金汇业局专营。这一认识在40年代得到修正，社会部在1946年说明社会保险与商业保险有无冲突时明确指出简易人寿保险为商业保险，并从基本国策、保险性质、法规、被保险人范围、保险费收取、保险利益给付及经营主体不同七个方面阐明其与商业保险之区别。②

民国时期，著名的社会学家柯象峰曾将社会救济比作"雪中送炭"，将社会福利比作"锦上添花"，"社会福利可以说是社会的保健，相当于吾人日常生活中之卫生或保健，是比较广义的、积极的、预防的、治本的。而社会救济则可以说是社会的诊治，相当于吾人生病时之治疗，是比较狭义的、应急的、治标的。但是社会救济的工作终极是离不开社会福利的，而社会福利工作即使完备，也难免不幸事项之再发生，而有待于救济。……二者是相辅相成、相互为用的，是一物之两面"③。其观点可以说是民国时期学者们的普遍认识。而社会保险则被认为是"一种性质最积极和功效最宏远的社会福利事业"④。1940年11月社会部成立时，设社会福利司执掌社会保险、劳工生活改良、社会服务、职业介绍、贫苦老弱残废之收容等事项。后来，社会保险和社会服务被先后划出，单设主管部门，而社会福利事业包括社会救济、社会服务、职业介绍、劳工福利、工矿检查、儿童福利等，由此可见，民国时期社会福利的概念与今天我们所说的社会保障的含义几乎相同。

---

① 张明昕：《简易寿险与社会保险》，《保险季刊》1936年第1卷第2期。
② "拟订社会保险法原则草案"（1947年6月~1948年11月），中国第二历史档案馆藏档案，档案号：十一—6504。
③ 柯象峰：《社会救济》，正中书局，1944，第3页。
④ 谢征孚：《中国新兴社会事业之功能与目的》，《社会工作通讯月刊》创刊号。

　　从上述概念出发，结合民国时期实际情况，本书所研究的社会保险是指国家或企业、事业单位等通过制定法律、法规等手段，对劳动者遭遇疾病、伤残、年老、生育、死亡、失业风险时给予的经济补偿或医疗服务。从实际情况来看，具有社会保险性质的实务包括员工抚恤待遇、人寿保险、互助保险、强制储蓄等不同形式。从国家（或政府）的主体地位逐渐加强的角度来看，民国时期社会保险呈现三个发展阶段：20 年代社会保险在员工抚恤待遇中出现，以商务印书馆为例；30 年代社会保险实务增多，以上海人力车夫互助保险、邮政储金汇业局简易人寿保险、强制储蓄为例；40 年代政府主体性突出，以资源委员会员工寿险、川北盐场盐工保险和东北公营企业战时劳动保险为例。民国时期存在北京政府和南京国民政府的统治，南京国民政府统治时期又出现相互分离的三种统治区域——国民党统治区、中国共产党开辟的革命根据地和日本侵略者占领区，各区域社会性质不同，发展状态各异。本书研究范围以南京国民政府统治时期为主，并且不涉及日本侵略者占领区。

　　需要说明的是，由于民国时期社会保险尚处于历史的初发阶段，前人对此问题也关注不多，笔者在研究过程中常感资料搜集不易，加之对社会保险实务研究不够细致，不能展现各地方社会保险发展全貌，这是本书的不足之处。另外，社会保险的研究还需要历史学、社会学、经济学、政治学、法学、哲学、财政学、人口社会学以及金融学、商业保险学等相关知识，笔者的知识结构尚未能达到上述要求，因此论述不够充分。这些不足之处，只能以后加以努力，不断改进。

第一章
民国时期社会保险产生的历史背景

从社会保险制度产生的历史来看，它是工业社会的产物。"在任何情况下，社会保障的第一批措施都反映了城市工业社会的需要。"[①]社会保险在中国的出现也是如此。民国时期的工业化和与之相伴随的城市化是社会保险产生的历史背景。工业化推动着传统农业社会向现代社会转型，其间，劳工及其他职工群体不断壮大，成为社会的新生力量。社会保险最早是作为劳工保险出现在国人的认识之中，反映了日益发展起来的劳工群体的强烈要求。因为劳工群体的生活状况与民族工业的发展紧密相连，因而受到社会各界的关注。在学界及有关知识分子的呼吁下，政府通过立法，逐步建立起适应工业时代需要的社会保险制度，这是政府适应社会历史发展的必然选择。与此同时，民国时期正值现代社会保险制度初创时期，西方社会保障思想和理论传入中国，为政府制定社会保险法规提供了借鉴。在此之中，国际劳工组织所起的促进作用也是不能低估的。

---

① 国际劳工局社会保障司编《社会保障导论》，管静和、张鲁译，劳动人事出版社，1989，第19页。

第一节　工业和城市化发展的迫切需要

中国是后发型现代化国家，"19 世纪后半叶开始逐步形成的中国现代经济部门，肇于外国人的创办"①。清末的自强运动启动了工业化的第一个浪潮，民国初年迎来了资本主义的"黄金时代"，工业化出现了一个高潮。1927～1937 年，还一度出现工业化的高峰。中国的工业化比西方晚了一个多世纪，西方近代工业化进程中产生的劳工问题在中国并未消减，反而因列强的经济掠夺和中国工业生产力低下等种种原因而愈演愈烈。同时，中国劳工群体的生存状况远较国外恶劣，急需实行新型的社会保险制度。

一　中国现代工业的产生和城市化进程的加快

工业化成为催生社会保险的重要原因。中国的近代工业发轫于鸦片战争后外国资本在华投资开设的工厂。随着通商口岸城市的增加，外资投资规模不断扩大，到 1900 年，英商投资的祥生、耶松船厂合并时资本已达白银 577 万两，成为当时上海最大的外资企业。同时，外商还建立了自来水厂、煤气厂、发电厂、电话公司等一批公共设施。还有一部分外商投资于缫丝、制茶、制糖等轻纺工业和中小型加工工业。1894 年前，全国已有外资开设的工厂 103 家。《马关条约》签订后，由于允许外国人在中国直接开设工厂，在此后的 20 多年里，外商在华投资办厂的速度迅速增加。②

---

① 〔法〕白吉尔：《中国资产阶级的黄金时代（1911–1937）》，张富强、许世芬译，上海人民出版社，1994，第 28 页。
② 陆仰渊、方庆秋主编《民国社会经济史》，中国经济出版社，1991，第 9、11 页。

外国资本的涌入深刻影响着中国经济的发展。一方面，外国资本瓦解了中国自给自足的自然经济基础，城市的手工业和农村的家庭手工业遭到了沉重打击，中国自给自足的自然经济从此一蹶不振；另一方面，中国城乡商品经济则深受其益，为中国资本主义的发展创造了客观的条件。晚清政府于 19 世纪 60～90 年代进行了以自强、求富为目的的洋务运动，以官办或官督商办的形式，开办了一批近代军事工业和民用工业，如江南制造总局、福州船政局、汉冶萍公司、上海机器织布局、轮船招商局等，一些大官僚还陆续开办了 20 多个工厂，投资约 1900 万元，主要是为军工服务的采矿业、炼铁业、纺织业和交通运输业，雇工约 2 万人，这是中国最早的官僚资本企业。70 年代起至甲午战争后，一些商人、地主投资于缫丝、棉纺、面粉加工等轻工业和煤矿业，创办工厂约 100 多家，资本总额达到 500 万～600 万元，雇工约 3 万人，成为中国最早的民族资本企业，当时著名的有继昌隆缫丝厂、大生纱厂、茂新面粉厂、南洋兄弟烟草公司等。洋务运动掀起了中国第一次工业化的浪潮，到辛亥革命爆发时的 1911 年，全国共有近代工厂 615 家，资本总额为 23258 万元，其中中国人开办的工厂为 521 家，资本为 13232 万元，占总资本的 56.95%。其中民营工厂为 419 家，资本为 8855 万元，占总资本的 38.12%。官办或官商合办的工厂为 66 家，资本为 4377 万元，占总资本的 18.84%。外资工矿企业为 94 家，资本为 7247 万元，占总资本的 31.2%。中外合资工厂为 36 家，资本为 2753 万元，占总资本的 11.85%。①

---

① 陆仰渊、方庆秋主编《民国社会经济史》，中国经济出版社，1991，第 22 页。

民国以前，"中国的现代工业部门，就其发展状况而言，显得极为有限和不协调，并与外国人在华发达的现代工业形成鲜明的对照"①。民国时期，中国的工业有了较快发展。1914～1924年，工业迅速发展，其中，1912～1920年工业年均增长率达到13.8%。特别是1927～1937年，我国出现了新的经济增长浪潮，经济年均增长率约8%～9%，对资本主义商业化、都市化、农业专业化起到了明显的推动作用。②

民国初年，辛亥革命的爆发，使长期以来束缚人们的"重农抑商"传统观念受到冲击，投身工商实业的人士显著增加，工商立国、强国富民的思想开始深入人心。在一定程度上，北京政府也顺应历史要求，制定颁布了一些有利于发展中国民族工商业的政策法令，为中国现代工商业的初步发展扫除了障碍。1914年第一次世界大战爆发后，英、法、德、俄各列强无暇东顾，中国民族经济发展的外在制约因素有所缓解，民族资本主义获得了难得的发展空间，中国现代工业也由此迎来了发展的良好机遇。纺织、缫丝、面粉加工、制糖、炼铁等工业部门都涌现出了许多工厂，而尤以棉纺织工业发展最快，规模最大。③ 近代工矿厂家数由1911年的562家增加到1927年的1897家。④ 1927～1937年是中国民族资本主义经济快速发展的时期。据统计，1928～1936年，工业生产的平均增长率由1921～1928年的7.3%增长到8.3%。1936年全国工业产值为122.74亿元，比1927年的67亿余元增长83.2%。⑤

---

① 〔法〕白吉尔：《中国资产阶级的黄金时代（1911-1937）》，张富强、许世芬译，上海人民出版社，1994，第37、84页。
② 罗荣渠：《现代化新论续编》，北京大学出版社，1997，第111页。
③ 陆仰渊、方庆秋主编《民国社会经济史》，中国经济出版社，1991，第132～133页。
④ 陆仰渊、方庆秋主编《民国社会经济史》，中国经济出版社，1991，第14页。
⑤ 陆仰渊、方庆秋主编《民国社会经济史》，中国经济出版社，1991，第348页。

与工业的发展相伴随的，就是城市化进程的加快。中国近代城市的兴起肇始于鸦片战争以后的开埠通商，如广州、上海、武汉、天津等。民国时期工业化推动了城市的新发展，除南京、北京、广州、重庆等政治中心城市之外，在交通枢纽和工矿业中心出现一批新的城市，如泉州、厦门、郑州、石家庄、唐山、焦作、南通、无锡等；传统的省会城市开始向近代城市转变，如成都、长沙、西安、昆明、太原、贵阳等。如表1-1所示，1919年5万人口以上的城市为140个，到1936年增加到191个；还出现了1个人口在250万人以上的特大城市——上海。包括特大城市上海在内，11个人口在50万人以上的城市还有北京、广州、天津、南京、汉口、香港、杭州、青岛、沈阳等，它们都是工业发达的中心城市，其人口数占全国城市人口总数的35.5%。

表1-1　1919、1936年中国大城市规模分级

人口规模（万人）	1919年（个）	1936年（个）
250～500	—	1
100～250	2	5
50～100	7	5
25～50	11	11
10～25	30	53
5～10	90	116
合　　计	140	191

资料来源：转引自何一民《中国城市史纲》，四川大学出版社，1984，第340页。

二　现代社会转型使劳工问题日趋严重

中国工业的发展改变了中国的经济基础和人们的劳动方式，也使中国社会结构发生了极大的变化，最直接的结果就是催生了较为庞大

的产业工人群体。19世纪末，外国企业中的中国产业工人大约有10万人。到1919年，全国所有产业工人为260万人，其中铁路工人16万人，邮电工人3万人，工厂工人83万人，矿业工人70万人，建筑工人40万人，搬运工人30万人，海员15万人，汽车、电车工人3万人。[①] 1927年前后，产业工人和手工业工人加起来，已达1500万人左右。[②] 虽然较之全国人口来说，劳工群体所占比例不大，但是，他们集中在沿江沿海的大中城市，和现代工业生产紧密相连，是中国社会一支不可忽视的社会新生力量。其状况如何，颇受人们关注。

由于中国现代工业生产力水平较低，生产环境恶劣，工人没有劳动法的保护，劳工群体的处境十分悲惨。

其一，人身自由得不到保障。北京政府时期，为强化劳工管制约束，在中外纺织厂、缫丝厂中还盛行着定期卖身的包身制。许多农民家庭的12~15岁的女孩子成为包身工，虽然由包工头供给衣、食和住宿，但2~3年的全部工资归包工头所有，生死疾病也听天由命。她们每天要从事长达12小时以上的繁重劳动，稍有不慎就要遭受监工的打骂和凌辱。她们没有人身自由，上下班均有人押送，下班后一律关在宿舍不得自由进出，甚至不让亲友探访。夏衍在《包身工》一文中刻画了日商纱厂包身工"芦柴棒"的典型形象，愤怒地指出："在这千万被饲养者的中间，没有光，没有热，没有希望，……没有法律，没有人道。这儿有的是二十世纪烂熟了的技术、机械、制度，和对这种制度忠实地服务着的十五六世纪封建制下的奴隶！"[③]

其二，工作时间长、工作环境十分恶劣。中国劳工群体每天工作

---

① 刘明逵：《中国工人阶级历史状况》，中共中央党校出版社，1985，第122页。
② 张静如主编《北洋军阀统治时期中国社会之变迁》，中国人民大学出版社，1992，第202页。
③ 《夏衍选集》第3卷，四川文艺出版社，1988，第209页。

时间在 12 小时左右，其中还包括大量女工、童工。"上海和武汉的纱厂工人，40% 是小女孩，40% 是女人，只有 20% 是男子"，"每天，孩子们工作 12 个钟头到 14 个钟头，中午都不停工。锭子一刻也不停的转动，就是在一群小孩匆匆的跑去，替自己和她们的同伴把那从家里带来的小小的一篮子饭拿来的时候，也不停止。人吃着饭，同时留心着弯轴继续的转动，梭子继续的来往和纱线继续的伸展。绒毛和尘芥落在筷子上，黏着在饭粒里面"①。中国劳工不仅每天工作时间长，而且全年休息时间极少，一年中的假日主要是春节、端午和中秋。据开滦煤矿 1919～1920 年每年工作日统计，各矿工人全年的工作日数为：唐山矿为 349 日，林西矿为 354 日，马家沟矿为 351 日，赵各庄矿为 355 日②，几乎全年都在工作。

工人的工作环境恶劣，缺乏劳动保护。中国产业工人的分布状况，从行业来看，主要分布在铁路、矿山、邮电、纺织、造船以及面粉加工、搬运、建筑各业，其中矿工、纺织工人的工作环境最为恶劣。一般厂矿基本上没有安全和卫生设备。纺织工厂也缺乏通风、降温、保暖和除尘等劳动保护措施，纱厂工人在潮湿、噪声和灰尘中长时间工作，肺病是纱厂工人的常见病。上海曾于 1920 年在工厂集中的杨树浦设立上海工业医院，专门诊治该地区各厂患病、受伤的工人。该院诊治情况显示，工伤尤其是童工的工伤比例较高（见表 1-2）。在地下工作的煤矿工人更惨，不少煤矿的巷道没有或仅有极少的支架、排水和通风设备。开滦煤矿巷道里"大路阔十一尺，高十尺，途中黑，没灯火及种种设备，非常泥泞，路旁有水沟，水深过膝。路中设轨，用骡马运煤。小路阔只七尺，高只四尺半，走时须俯伏行走。顶和两旁用

---

① 〔德〕基希：《秘密的中国》，周立波译，东方出版中心，2001，第 71、74 页。
② 王清彬等编《第一次中国劳动年鉴》第 1 编，北平社会调查所，1928，第 332 页。

木柱上撑,身首偶触之,煤块纷纷从上下坠。工作的地方非常狭窄,且煤层向上斜坡,矿工赤身涂炭,屈曲如猬,借一点灯光,在内工作。这种情况,看见的都要想这是宗教里的地狱,而非人间"。煤矿工伤事故不断发生,据抚顺煤矿不完全统计,仅 1919 年一年,坑内外工伤事故达 4724 次,死伤 4799 人[①]。资本家视工人生命如草芥,没有丝毫保护工人的意识。1931 年 2 月 13 日,"抚顺煤矿因设备欠佳,矿穴硫磺燃烧,日技师立封锁矿洞,华工在洞内死亡三千人"[②]。工人的悲惨际遇可见一斑。而且,工人死亡很少有抚恤,即使有也数目极少。开滦煤矿拉煤的马死一匹要损失 60 元,而工人因公致死却只给抚恤金20 元,"人命一条不如一马"[③]!

表1-2 上海工业医院诊治工伤情况

工人类别	病人总数	工业伤害人数	占总数的百分比（%）
男 工	566	231	41
女 工	164	43	26
童 工	150	100	66
总 计	880	374	42

资料来源:王清彬等编《第一次中国劳动年鉴》第 1 编,北平社会调查所,1928,第 336 页。

其三,收入低微,生活无所保障。中国劳工的工资,20 年代一般日工资为 2~3 角,最高为 5 角,最低只有 1 角多钱。只有少数熟练技术工人的工资在 1 元左右。至于女工和童工的工资则被压得更低,一般女工工资低于男工的 1/3 或 1/2,童工约为成年男女工的 1/2 到

---

① 王清彬等编《第一次中国劳动年鉴》第 1 编,北平社会调查所,1928,第 353 页。
② 骆传华:《今日中国之劳工问题》,上海青年协会印书局,1933,第 433 页。
③ 邓中夏:《中国职工运动简史》,人民出版社,1953,第 80 页。

2/3。①中国工人不仅名义工资低，实际工资水平更是随着物价增长而降低。有学者统计，以1913年的物价指数和工资指数为100，到1919年，上海的物价指数为138.4%，汉口为250%，广州为132%，天津为166.7%；而各地的工资指数却分别只有123.1%、220%、105.3%、133.3%②。工资的增长赶不上物价的攀升，再加上厂矿主克扣、拖欠工资，或币值紊乱、货币贬值等原因，工人的生活水平每况愈下。

与传统农业社会宁静的乡村生活相比，城市劳工群体面临的职业风险更大，能得到的保障却很少。中国传统保障体系中，家庭、宗族承担着对个人生老病死的保障。"驯至施政视巨室之好恶，亲属有连坐之条律，族学家塾，自施教养，祠产宗会，互通缓急，凡在族制谨严之地，家庭俨为社会中心，而形成政治教育法律经济上之一切活动之单位。"③随着城市的兴起和农村小农经济的破产加剧，一部分农民被迫来到城市谋取生活机会，家庭和邻里关系逐渐淡化。一方面，他们失去了原先赖以生存的土地和生产工具，成为新的产业工人，工资成为唯一的生活来源，微薄的工资和飞涨的物价使他们只能维持基本的生存，赡养老人更成为一种沉重的生活负担。另一方面，他们本人在遇到疾病、工伤、失业等问题时，家庭就要面临更大的经济困难。

劳工群体在恶劣的环境中，长时间透支劳作，却要以微薄的工资维持着一家人的生活，一旦因失业、疾病、伤残、衰老而失去工资便无法生存，在这样的情况下劳工的反抗行动不断出现。"劳工的觉醒，

---

① 张希坡主编《革命根据地法制史》，法律出版社，1994，第49页。
② 刘明逵编《中国工人阶级历史状况》第1卷第1册，中共中央党校出版社，1985，第369页。
③ 童家埏：《无锡工人家庭之研究》，李文海主编《民国时期社会调查丛编·城市（劳工）生活卷》，福建教育出版社，2005，第651页。

不像许多人所说是由于共产主义的宣传，而是另有错综复杂的政治、经济和思想上的种种原因。现代工厂迅速增多、旧式手工业中盛行的师徒制度的淘汰、辅币的泛滥以及生活费用的迅猛增高，无一不驱使工人们联合起来，要求获得经济上的解放。"[1] 劳工群体通过有组织的罢工为自己争取经济利益和政治权利。

据统计，1918～1926 年，中国劳工共进行了 1232 次罢工，每年平均罢工次数为 187 次。进一步细分罢工的情形，涉及生活困难、要求增加工资的罢工次数分别为 75 次、443 次；反对苛刻待遇和工头的罢工分别为 73 次、66 次；表示爱国的罢工有 189 次。不难看出，工人罢工的主要原因是经济压榨、人身虐待以及群众运动。在工人进行的这些罢工中，涉及生育、疾病、养老、失业等社会保险要求的可以说屡见不鲜。例如，汉口英美烟厂工人罢工提出的要求是"女工分娩前后，厂方需给假 4 星期，休息期内，以活工计算者，每日给生活费洋 4 角；以月计算者则照原有工资发给"，并得到了厂方同意。开滦煤矿工人罢工提出的要求是"工人在受雇期内受伤不能工作，应由局中担任医药费并酌给津贴"。安源路矿工人大罢工的要求是"工人因公受伤不能工作者，两局须抚养终身，照工人工资多少终身发给"，也得到路矿当局的同意。武汉印刷工人也提出"（工人）死亡及残废，均需由工厂抚恤，其数目由工会与工厂协定"的要求。这些要求，"已由纯粹之经济需要，转而注重社会待遇之改良，要求规定公平之劳资关系，改良生活状况及雇佣条件矣"[2]。

随着劳工群体改善待遇的要求不断被提起，加之社会对这些问题

[1] 徐雪筠等译编《上海近代社会经济发展报告（1882～1931）》，张仲礼校订，上海社会科学院出版社，1985，第 273 页。
[2] 王清彬等编《第一次中国劳动年鉴》第 2 编，北平社会调查所，1928，第 139、142、146 页。

的广泛关注，建立社会保险制度已越发迫切。抗战前夕，有学者指出："经济建设日进一日，工人数量日增一日，此后广大劳工群众生活之安宁与否，直接关系于工业生产者至巨则随此必然之趋势，将有如欧洲各国之社会保险制度出现于中国，亦不过时间之问题而已。况中国工人团体，已有社会保险之要求乎！"① 同时，地方政府也提出了建立社会保险制度的呼请，如 1943 年 2 月，甘肃省社会处针对本省各煤矿工人大多是手工生产，生命安全毫无保障，常有伤亡发生；而邮政储金汇业局和中央信托局甘肃分局的保险业务又因商业性质追求利润，不愿办理煤矿工人保险，"煤矿工人彷徨无门"，提请社会部提前举办社会保险以谋劳工福利。② 所有这些都表明随着生产的发展，社会保险制度的建立已成为必然。

第二节　学界和政党对劳工问题的关注

劳工群体的不良生存状况引起了学界和政党的极大关注。在他们的呼吁和宣传下，政府采纳他们的建议，开始重视和推行社会保险制度。

一　学界和基督教会对劳工问题的重视

基督教会从人道主义出发，最早在中国从事为劳工争取福利的工作。第一次世界大战爆发后，基督教会为救济遭受水灾的难民，成立了一个叫"教会工业"的临时组织，人数发展较快。在此基础上，全

---

① 任源远：《社会保险立法之趋势》，上海彤学社，1936，陈振鹭序。
② 《社会部草拟社会健康保险法并疑义解释》，中国第二历史档案馆馆藏档案，档案号：十一—6437。

国基督教工业联合会于 1923 年成立，其目的是"互相讨论如何在中国发展这种工业，及如何在工业中施行基督教的人道主义"。该会主张实行 8 小时工作制，改善工厂劳动条件，并且提出工人的工资最少不能低于当地生活水平。他们所办的刺绣厂、编织厂、儿童服装厂，实行这一举措，一时间，其他雇主也仿效起来。1922 年 5 月，中华全国基督教协进会在上海开会，讨论并通过保护劳工的提议案。会议认为，由于中国目前还不能立即实行国际劳工大会设定的有关标准，特定如下三条规则，作为临时保护劳工的举措："（甲）工厂不得雇佣未满十二周岁之童工；（乙）七日中休息一日；（丙）保护工人健康，如限制工作时间，改良工厂卫生及设置安全机械等。"① 上述原则得到了各地基督教组织的广泛宣传。另有一个案例是，上海各工厂大量使用童工的现象，也受到基督教会的关注，基督教会专门上书上海租界当局要求保护童工。上海租界工部局接受基督教会的建议，着手酝酿制定保护童工的条例。上海工部局于 1923 年 6 月 22 日成立童工调查委员会，委托基督教女青年会的阿加莎·哈贝逊小姐和阿德莱德·安德森夫人，集中研究中国工厂的情况。以上举动受到当时北京政府的高度重视，次年 3 月北京政府农商总长颜惠庆和农商部劳工司司长颜鹤林还专门会见了阿加莎·哈贝逊小姐和阿德莱德·安德森夫人。② 尽管基督教会只是从人道关怀视角来审视中国劳工问题，但其开展的一些具体活动，还是推动了社会各界对劳工问题的体察与关注。

五四运动爆发后，"劳工神圣"的口号一度唤起了社会各阶层对劳工问题的关心。北伐战争期间，工人运动对北伐军的胜利进军在军

---

① 陈达：《中国劳工问题》，《民国丛书》第 2 编第 17 册，上海书店，1990，第 543 页。
② 《上海公共租界工部局童工委员会报告》，刘明逵主编《中国近代工人阶级和工人运动》第 1 册"附录"，中共中央党校出版社，2002，第 797 页。

事、政治上的有力支持，引起了更多人对工人群体生活遭遇的同情和注意。[①] 一些开明的民族资本家也认识到，"劳资问题表面虽属于雇主佣工，然于社会秩序，金融通商，物价低昂，关系全国人民之幸福至为密切"。他们也要求借鉴国外先进的管理经验，反对苛待工人，并指出："间有苛刻之辈，以扣减辛工为能事，但求有形之减省，罔知无形之消耗。盖刻减辛工，大非工人之所乐，工人而不能乐其业，则惰心生，惰则出货迟而成本遂加重。此失之过于严者。"这一看法十分深刻。他们进一步认为，为善待工人以提高生产效率，应体恤工人。"工厂之生产力，大半属之于此辈劳动家之手，是不可不有以体恤而慰藉之。体恤慰藉之举之最显明、而最易使多数工人倾心者，莫如周济工人疾苦之一事。"[②] 1919 年六三工人大罢工后，汉冶萍公司考功课认识到："此后待遇工人势须妥筹体恤优待各办法"，"除为工人建造住屋及为其子弟设立学校外，尤莫急于代谋平价之粮食，免于食贵，生计自舒；他如工人保险法、工人储蓄法，均宜次第举行，平时既教养有资，不致有身家之虑，而老病不测之际复能薄有积蓄，亦自可以相安"[③]。

除此以外，民族保险业的发展对社会保险的产生也起了一定的导向和推动作用。30 年代，民族保险业得到政府的支持，发展较快。例如，商业性的人寿保险，因具有储蓄性质，又能在政府颁布的《保险法》的一定保护下，避免洋商操纵，故其推行具有有利条件。到 1935年，民族商业保险公司已增加到 30 余家。虽然商业保险以营利为目的，与社会保险的宗旨有很大区别，但商业保险的发展可为零散的社

① 骆传华：《今日中国之劳工问题》，上海青年协会印书局，1933，第 36 页。
② 赵靖主编《穆藕初文集》，北京大学出版社，1995，第 303、144、85 页。
③ 湖北省档案馆编《汉冶萍公司档案史料编》（下），中国社会科学出版社，1994，第 226页。

会保险实务提供服务，从而加深了人们对办理社会保险必要性的认识。与此同时，保险界有志之士面对经济不景气的状况，也大力呼吁政府以社会保险事业保障劳工的生存权利，以促进经济的发展。不少民族企业家先后响应，并开始办理社会保险业务。上海是工商业集中之地，张元济执掌商务印书馆期间，员工除了享有分红、疾病医疗、子弟教育补贴外，还享有养老保险的福利待遇，一时成为沪上典范。华安合群保寿公司是民国时期保险业的翘楚，30 年代即有各企业在该公司为工人承保团体寿险（见表 1-3）。抗战时期，沿海工厂迁往内地，也促进了西南大后方保险业的初步繁荣，并使人寿保险业务得到初步发展。中央信托局保险部在重庆开展团体寿险业务，得到官方支持。重庆社会局规定：凡公务人员、企业职工人数在 30 人以上者，必须参加保险，保费由单位和职工各负担半数，参保单位一度占到重庆厂矿企业总数的 93%。①

表 1-3　华安合群保寿公司承保团体寿险情况

团体名称	团体人数	每人保额（元）
商务印书馆	5150	200
商务印书馆印刷所	2700	200
家庭工业社	150	200
同仁昌鱼行	50	250
新闻报馆工友	320	200
新闻报馆职员	140	视薪水之高下定保额之多少
上海内地自来水公司	100	同上
光华火油公司	194	同上
北平财政部印刷局	1378	同上

资料来源：邢必信等编《第二次中国劳动年鉴》第 3 编第 6 章，北平社会调查所，1932，第 195 页。

---

① 中国保险学会：《中国保险史》，中国金融出版社，1998，第 135 页。

　　此外，学界对社会保险的研究也是催生社会保险的重要动因。1936 年中国保险学会第一届年会即敦促国民政府立法院编订社会保险法案，并要求教育部将保险基本知识编入教科书，以向国人介绍社会保险知识。该学会还认识到，保险业与外商的竞争，关键在于人才的竞争。因之，中国保险学会多次致函教育部、中英庚款会和清华大学，要求派遣留学生时分配保险学名额。可佐证的是，1944 年 8 月，清华大学经济系毕业的李志伟通过考试，取得清华大学第 6 届公费留学资格，遂赴美专门研习社会保险。①

　　20 年代末和 30 年代初期，日本帝国主义发动了侵略中国的九一八事变和一·二八事变，中国经济的发展开始受到外患的困扰；同一时期，不断发酵扩散的世界经济危机，也深刻影响了国内工业发展，中国劳工的生活更为凄苦。因此，内忧外患下的学界对劳工问题更加关注。许多学者做了大量有关工人生活的调查，向大众报道中国工人的生存状况。如陶孟和的《北平生活费之分析》（1930 年）、杨西孟的《上海工人生活程度的一个研究》（1930 年）、林颂河的《塘沽工人调查》（1930 年）、余启中的《广州工人家庭之研究》（1933 年）等即为此例。这些学者通过调查加深了对劳工问题的认识，进而还提出了解决之道。吴耀麟明确指出："我以为社会保险才是挽救现在中国劳动者的重要法门。"② 1929 年，陈达对工人工资、工时、福利等情况进行了翔实的调查后，提出了建议："工界永久和平安宁，要从保险入手。保险有好几种，中国急需仿办的为养老、保母、失业三门，这三门最好要行强迫制度。……其实行时期，当在工厂条例颁布

　　①　《清华大学史料选编》第 3 卷（上），清华大学出版社，1994，第 251 页。
　　②　吴耀麟：《社会保险之理论与实际》，大东书局，1932，第 21 页。

之后。"①

同时，欧美的社会保险制度也通过知识界传入国内。早在晚清时期，就有人介绍国外社会保险制度。陈莪生在《德国百工保险新法》一文中介绍了德国刚刚通过的社会保险法。② 此后，《大德国工会养老》《大英国工匠新章》《大奥国工匠保险》、美国《惠工有道》、比利时《惠工善政》也被相继介绍到中国。③ 清末的统治者最关心的是统治秩序的巩固，加之工业不甚发达，劳工问题并未引起统治者的关注。进入民国后，西方的社会保险思想和理论进一步传入中国。1912 年 7 月，《东方杂志》刊登了杨锦森翻译的美国学者的文章，介绍德国的社会保险制度："业制造者，苟为法律所迫，不得不为其所雇之佣，一一保寿险及疾病之险，并代付保险费。"④ 该年 10 月又有钱智修翻译加迪纳尔（A. G. Gardiner）的著作，对英国社会政策及实行的社会保险予以介绍，"关于劳动界之改革，事不一端，于其社会状况与经济状况，皆深有影响。其中三事，犹为有效，即商局律、保险律、劳动局律"。⑤《东方杂志》在 1918 年和 1919 年又分别刊登了君实的《劳动者失业保险制度》和《劳动者疾病保险制度》两篇文章。《劳动者失业保险制度》认为失业导致贫民和犯罪的增加，"宜令劳动者割就业时收入之一部分，以充其失业时之支出，其最简单之方法，莫如储蓄。但欲使彼无教育之劳动者，出于自由之意志，继续储蓄相当之金额，殊为事实上所难行。故吾人深信强制储金之一法之保险制度，实为达此目的最有效之方法"。作者

① 陈达：《中国劳工问题》，《民国丛书》第 2 编第 17 册，上海书店，1990，第 503 页。
② 林乐之主编《万国公报》第 16 册，台北：华文书局股份有限公司，1968，第 10704 页。
③ 见林乐之主编《万国公报》第 21、35、39 册，台北：华文书局股份有限公司，1968。
④ 杨锦森：《德国待遇工人之种种》，《东方杂志》第 9 卷第 1 号。
⑤ 钱智修：《英国政府之社会政策》，《东方杂志》第 9 卷第 4 号。

简要介绍了西方失业保险制度由自治制度到公共自由制度，再到强制制度的三个发展阶段，还指出："以国家或城镇乡之法律对于一般或特种之劳动者强制保险义务，即强制制度。此制度专为补救前记种种自由保险制度之缺点而设。"文章还介绍了学者们关于保险费负担问题的观点：全部由劳动者负担是勉为其难，应由社会负担一部分；雇主承担与否有相对的两种意见，作者倾向于雇主承担部分保险费。[①] 在《劳动者疾病保险制度》一文中，作者说明疾病给人们带来的弊害，强调"为多数之劳动者筹画关于疾病之设备，以保全其健康，使之脱免经济的困难，不可谓非社会政策的国家最重大之任务"。文章重点介绍了德国的疾病保险制度，"劳动者疾病保险制度始于德国，故其后各国之立法，多以德国为蓝本"。按保险费负担的不同，作者将疾病保险分为三种：第一种为德意志主义，国家不负担保险费用，由劳动者负担 2/3，雇主负担 1/3；第二种为塞尔维亚主义，劳动者和雇主各负担一半，国库补其不足部分；第三种为英国主义，国家、劳动者和雇主各负担 1/3。对于妊娠保险、伤残保险和老年保险，作者也进行了简单介绍。[②] 1920 年 9 月，《申报》刊登树屏的文章《中国急宜举办人工保险》："人工保险的宗旨是谋保全工人所得同生计的安全。普遍分做四种，就是伤灾保险、疾病保险、老废保险、失职保险。"[③]

见贤思齐，学者们也希望仿效西方实行保险立法，以建立社会保险制度来保障中国工人的生活。若愚撰文指出："我们希望的社会主义既不能一期实现，而我们工人的病苦又有加无已。在此种状态之下，

---

① 君实：《劳动者失业保险制度》，《东方杂志》第 15 卷第 3 号。
② 君实：《劳动者疾病保险制度》，《东方杂志》第 16 卷第 3、5、6 号。
③ 颜鹏飞主编《中国保险史志（1805–1949）》，上海社会科学院出版社，1989，第 175 页。

为临时救急的法子，只有实现社会政策，改良工人的待遇，保护工人的疾苦。"[①] 1930 年，章渊若介绍了英国劳工立法的历史和现状，呼吁国民政府以积极保护劳工为立法原则，以达"一是工人智识能力的提高，一是工人社会地位之增进"[②]。上海劳动大学的龚贤明博士则明确表达"我们希望执政当局，实践前后的宣言，厉行国家和社会的种种建设。……社会保险正在求人类生存的安全，所以国民政府应该注意到这一件事。"[③] 从上述情况来看，通过法律强制力量实行社会保险，以此来解决劳工问题，保障劳工的生产和生活，成为当时学者们的积极主张。

二　国共两党的劳工政策

在现代社会，"政党以制定社会政策为其主要任务，藉社会政策以宣示其政治主张"[④]。当时执政的国民党，为南京国民政府社会政策的制定提出了指导思想。同时，中国共产党等其他政党，也提出了自己关于社会政策的主张。早在民国初年，中华民国工党中曾有人主张实行工人保险和职业介绍，但这一主张并未引起世人的注意。[⑤] 30 年代，中国青年党在其政纲中确定社会政策之一为"制定劳工待遇、工作时间、薪津标准、工厂管理等法律，以增进劳工之福利"，1946 年又明确提出"实行社会保险制度"的主张。[⑥] 中国国

①　若愚：《德国劳工各种保险组织》，《东方杂志》第 17 卷第 10 号。
②　章渊若：《英国之社会问题与社会立法》，《东方杂志》第 27 卷第 10 号。
③　吴耀麟：《社会保险之理论与实际》，大东书局，1932，龚贤明序。
④　陈国钧：《社会政策与社会立法》，台北：三民书局，1984，第 1 页。
⑤　中华民国工党于 1912 年 1 月 21 日由朱志尧、徐企文等在上海发起成立，提倡劳资合作，但也多次组织工人罢工，谋求改善工人的文化、福利事业。1913 年 7 月，徐企文参加二次革命被俘处死后，该党无形解散。参见曾业英编《中华民国工党》，《中华民国史资料丛稿——专题资料选辑》第 1 辑，中华书局，1976。
⑥　方庆秋主编《中国青年党》，档案出版社，1988，第 80、91 页。

家社会党在 1938 年宣言中主张"设立劳动保险，对于工人死伤疾病失业以国家力量救济之"①。中国共产党和中国国民党是民国时期两大政党，它们提出了解决劳工问题的主张，对这一时期社会保险政策的提出产生了积极的影响。

中国共产党成立后，将领导工人运动作为自己的中心任务，并争取改善工人的劳动条件和生活条件，还提出了实行社会保险的主张。1922 年 5 月，中国共产党领导的劳动组合书记部在广州召开了全国第一次劳动大会，号召各劳动团体大力进行劳动立法，重点在 6 个方面提出要求：（1）承认罢工权，（2）制定工会法，（3）制定工厂法，（4）制定八小时劳动法，（5）保护童工、妇工，（6）制定劳动保险法。② 这次大会拟定了《劳动法案大纲》，提出有关社会保险的要求：为保障劳动者之最低工资计，国家应制定保障法，制定此项法律时，应许可全国劳动总工会代表出席，公私企业或机关之工资均不得低于最低工资；一切保险事业规章之订立，均应使劳动者参加，俾可保障政府、公共及私人企业或机关中劳动者所受之损失，其保险费完全由雇主或国家分担，不得使被保险者担负；对于需要体力之女子劳动者，产前产后均予以 8 星期之休假，其他女工，应予以 6 星期之休息，休息期间，工资照给；16 岁以下之男女工不得雇佣，激烈有害卫生及法定工和时间外之劳动，不得使 18 岁以下之男女工为之；国家以法律保障男女劳动者享受补习教育之机会；等等。③

其后，中国共产党于 1922 ～ 1929 年召开了四次全国劳动大会。第

---

① 方庆秋主编《中国民主社会党》，档案出版社，1988，第 76 页。
② 王清彬等编《第一次中国劳动年鉴》第 2 编，北平社会调查部，1928，第 357 页。
③ 参见王清彬等编《第一次中国劳动年鉴》第 2 编，北平社会调查部，1928，第 437 ～ 438 页。

二次全国劳动大会通过的《经济斗争决议案》中第5项内容为"劳动保险与社会保险",提出"应实行社会保险制度,使工人于工作伤亡时,能得到赔偿;于病疾失业老年时能得到救济"。① 第三次全国劳动大会通过的《劳动法案大纲决议案》要求"国家设立劳动局","国家设立劳动保险,保险费由雇主或国库支出"②,并在《失业问题决议案》中强调"失业保险,是工人应有的权利"③。1927年4月,中华全国总工会要求"编订劳动保护法,工厂法,及国立劳工保险制"。④ 1927年5月,太平洋劳动大会要求"施行工人保险,如疾病,遇险,残废,失业等各项保险。保险之责任,由厂主与政府担负之"⑤。在1927年6月召开的第四次全国劳动大会上,再次提出了"为了保障工人的生活条件,对不可避免的疾病、死伤、失业、衰老等,实行社会劳动保险"⑥。1929年11月第五次全国劳动大会通过了《中华全国工人斗争纲领》,明确提出"工人或工人家属发生疾病伤害,应由资本家给以医药费,听其自由医愈为度;病假期间不得扣发工资";"因工作致死伤之工人,应给以优厚抚恤金",并强烈要求政府"举办工人社会保险(失业、养老、疾病等保险),所有费用应由资方与政府分担"⑦。

中国国民党以孙中山的三民主义为宗旨,民生主义是其社会政策

① 中华全国总工会中国职工运动史研究室编《中国历次全国劳动大会文献》,工人出版社,1957,第16~17页。
② 王清彬等编《第一次中国劳动年鉴》第2编,北平社会调查部,1928,第439页。
③ 中华全国总工会中国职工运动史研究室编《中国历次全国劳动大会文献》,工人出版社,1957,第113页。
④ 王清彬等编《第一次中国劳动年鉴》第2编,北平社会调查部,1928,第373页。
⑤ 王清彬等编《第一次中国劳动年鉴》第2编,北平社会调查部,1928,第396页。
⑥ 中华全国总工会中国职工运动史研究室编《中国历次全国劳动大会文献》,工人出版社,1957,第211页。
⑦ 中华全国总工会中国职工运动史研究室编《中国历次全国劳动大会文献》,工人出版社,1957,第228页。

的指导思想。1923 年，孙中山在《中国国民党宣言》中提出，"制定工人保护法，以改良劳动者之生活状况，徐谋劳资间地位之平等"①。1926 年，中国国民党中央执行委员会及各省联席会议通过了《中国国民党最近之政纲》，规定了工人工资和工时的限制、劳工法和劳动保险法的制订及协调劳资冲突、改善劳工教育和卫生、居住情况等。② 南京国民政府成立后，为体现其"扶助农工"的政策，在一定程度上改善工人的生产条件和生活条件，颁布了《工厂法》《工会法》等法规。中国国民党还于 1929 年 3 月召开的第三次全国代表大会上通过了《训政时期施政纲领》，对"社会救助、农民福利、劳工组织、劳工福利、劳资关系"等作出规定。两年以后，即 1931 年 5 月，国民会议在通过的《训政时期约法》中纳入了训政纲领的相关内容。③ 1945 年 5 月 5 日，国民党第六次全国代表大会通过《中国国民党政纲》，对社会保险及社会福利等作出了规定，并通过了社会部关于《民族保育政策纲领》《劳工政策纲领》《农民政策纲领》《战后社会安全初步实施纲领》。其中，《劳工政策纲领》明确提出："劳工政策之目标，在依国家民族至上之原则与国际合作之精神，发展劳工组织，提高其地位，改善其生活，并促进劳资合作，调节劳力供求，增进劳动效能，加强国际劳工联系，以确保社会安全，适应国防民生之需要"，并要求"厉行伤害赔偿及死亡抚恤，并尽先创办疾病及伤害保险，逐渐推行其他各种社会保险"④。

---

① 陈国钧：《社会政策与社会立法》，台北：三民书局，1984，第 68～69 页。
② 秦孝仪主编《中华民国社会发展史》（第 3 册），台北：近代中国出版社，1985，第 1666 页。
③ 陈国钧：《社会政策与社会立法》，台北：三民书局，1984，第 70 页。
④ 《四大社会政策纲领及其实施办法》，社会部编印，1946，第 15、27 页。

第三节　国际劳工组织与国外社会保险制度的影响

国际劳工组织（International Labour Oragnization）于 1919 年巴黎和会期间成立，是国际联盟的一个附属机构。它主张政府、雇主、劳工三方讨论，通过制定劳工法来改善劳工状况，进而获得世界持久和平、建立社会正义，促进经济和社会的稳定与发展。其最高权力机关为国际劳工大会，执行机关为理事会，国际劳工局为常设办公机构。第二次世界大战爆发后，国际联盟解体，但是国际劳工组织作为一个独立的国际性机构继续存在。二战结束前的 1944 年，在美国费城举行了第 26 届国际劳工大会，通过了著名的《费城宣言》，重新规定了国际劳工组织的宗旨："促进充分就业和提高生活水平；促进劳资双方合作；扩大社会保障措施；保护工人生活和健康。"并且，提出实现充分就业和提高生活标准；保证工人有最能充分发挥自己的技能并取得成就的职业；保障收入的公平分配和最低生活资金；切实承认工人享有集体谈判的权利，在不断提高生产率的情况下实行劳资双方的合作，以及工人和雇主在制定和实施社会经济措施方面的使命；扩大社会保障措施，以便使所有需要此种保障的人得到基本收入，并提供完备的医疗服务等 10 项原则。[①] 1946 年，国际劳工大会成为联合国的一个专门机构，简称劳工组织，总部设在瑞士日内瓦。

中国是第一次世界大战的战胜国之一，是国际联盟的创始国之一，因而也是国际劳工组织的创始国之一。国际劳工组织通过促进中国劳工立法，提供技术协助、进行调查研究工作、出版各种有关劳动问题的书刊等活动，对民国时期社会保险制度建设起到了积极的推动作用。

---

① 罗元文：《国际社会保障制度比较》，中国经济出版社，2001，第 360 页。

1919 年签订的《凡尔赛和约》中的《国际劳动宪章》规定了 9 项原则：一是在法律事实上，人的劳动不应被视为商品；二是工人和雇主都有结社的权利，只要其宗旨合法；三是工人应该得到足以维持"适当生活程度"的工资；四是工厂的工作时间以每日 8 小时或每周 48 小时为标准；五是工人每周有一个至少连续 24 小时的休息日，并尽量把星期日作为休息日；六是工商业企业不得雇佣 14 岁以内的童工，保护 14~18 岁男女未成年劳动力；七是男女工人同工同酬；八是各国法律所规定的劳动标准，适用于合法居住在该国的外籍工人；九是各国建立监察制度（监察人员应有妇女参加）以保证劳动法的实施。① 秉此原则，国际劳工组织于 1919 年 10 月在华盛顿召开第一届劳工大会。大会设"特别国委员会"讨论远东各国劳动问题，建议中国政府采取以工厂法保护工人的原则，要求中国政府在 1921 年向大会提交关于如何实施劳工保护原则的报告书。北京政府在国内工人运动高涨的情况下，迫于内外压力，于 1923 年颁布《暂行工厂通则》。该法规虽然内容十分简单，又没有强制执行的规定，但毕竟是中国劳动立法的开端。1929 年南京国民政府制定了《工厂法》，"该法各条款一部分系参照历届国际劳工大会所通过之国际劳工公约及建议书而订定者。此等条款对于目前中国工业状况，一时虽未能完全适合，然假以时日必能推行尽利也"②。

国际劳工组织对中国创立社会保险的影响，还体现在民国政府对国际劳工组织的立法的接受和批准方面。国际劳工组织的立法分为公约和建议书两种形式。前者经会员国政府批准后即对该国有法律效力，后者则为会员国制定本国法律提供参考。到 1944 年底，国际劳工组织共制定了主要公约 69 个、建议书 44 个，其中有关社会保障的共

---

① 罗元文：《国际社会保障制度比较》，中国经济出版社，2001，第 359 页。
② 《国际劳工组织与中国》，国际劳工局中国分局，1948，第 53~54 页。

22 个（见表 1-4）。国民政府批准的国际劳工公约及采纳的建议书如表 1-5 所示。

表 1-4 1919～1944 年国际劳工组织有关社会保障的主要公约和建议书

年份	大会届次	公约（编号）	建议书（编号）
1919	1	失业公约（2）	—
1920	2	妇女生育保护公约（3） 遇险海员失业赔偿公约（8）	失业保险（船号）（10）
1921	3	农业工人伤害赔偿公约（12） 工人伤害赔偿公约（17）	社会保险（农业）（17） 劳动者补偿（最低标准）（22） 劳动者补偿（仲裁）（23）
1925	7	工人职业病赔偿公约（18） 外国工人与本国工人伤害赔偿应受 同等待遇公约（19）	劳动者补偿（职业病）（24） 均等待遇（灾害补偿）（25）
1926	9	遇险海员遣送回国公约（23）	—
1927	10	工商业工人及佣仆疾病保险公约（24） 农业工人疾病保险公约（25）	—
1928	11	规定最低工资办法公约（26）	—
1933	17	工商业工人及佣仆养老保险公约（35） 农业工人残疾保险公约（36） 工商业工人及佣仆死亡保险公约（39） 农业工人死亡保险公约（40） 残疾、养老及遗属保险公约（43）	—
1934	18	工人职业病赔偿修正公约（42） 失业工人津贴和补助公约（44）	失业给付（44）
1935	19	移民残疾、养老及死亡保险权利保障公 约（48）	—
1936	21	船东对船员疾病伤亡责任公约（55） 船员疾病保险公约（56）	—
1938	24	船员社会保障公约（70） 船员退休金公约（71）	—
1944	26	所得保障公约（67） 军队社会保障公约（68） 医疗公约（69）	—

资料来源：转引自岳宗福、吕俊伟《国际劳工组织与民国劳动保障立法》，《烟台大学学报》（哲社版）2007 年第 1 期。

表1-5　民国时期中国政府批准的国际劳工公约及采取的建议书一览

公约及建议书名称（编号）（时间）	批准时间
规定最低工资办法公约（26）（1928）	1930.2.28
航运重大包裹上标明重量公约（27）（1929）	1931.4.18
农业工人之集会结社权公约（11）（1921）	1934.2.9
外国工人与本国工人关于工人灾害赔偿应受同等待遇公约（19）（1925）	1934.2.9
工业工人每周应有一日休息公约（14）（1921）	1934.2.9
船舶起卸工人之灾害防护公约（32）（1932）	1935.4.15
禁止雇佣妇女于一切矿场地下工作公约（45）（1935）	1936.10.10
遣送海员回国公约（23）（1926）	1936.10.10
规定儿童就雇于海上工作之最低年龄公约（7）（1920）	1936.10.10
就雇海上之儿童及幼年受强制体格检查公约（16）（1921）	1936.10.10
规定幼年就雇船舶上扒炭火夫之最低年龄公约（15）（1921）	1936.10.10
海员雇佣契约条款公约（22）（1926）	1936.10.10
规定儿童就雇于工业工作之最低年龄公约（59）（1937）	1939.12.
禁用白磷制造火柴建议书（6）（1919）	1925
救济青年失业建议书（45）（1935）	1936.7
各项保护劳工法规建议书（20）（1923）	1936

资料来源：《国际劳工组织与中国》，国际劳工局中国分局，1939，1948。

对照表1-4和表1-5可以看出，仅在30年代，中国政府批准的公约就有13个，说明国际劳工组织对国民政府的影响不可小视。没有批准的部分，中国政府代表则"声明遵守一切公约草案，但是因为他们（指国际劳工组织）所定的一切劳工生活标准和中国实际情况比较起来，还是觉得过高，不适应中国目前形势。所以中国官方的态度也没有依照他们的理想去实行"①。

---

① 骆传华：《今日中国之劳工问题》，上海青年协会印书局，1933，第310页。

南京国民政府时期，国际劳工局局长多玛氏（Thomas）还曾受到访问中国的专门邀请。多玛氏对北平、上海、南京、汉口、广州等地劳动状况进行了深入考察，还多次发表演讲，集中介绍国际劳工组织，并呼吁中国政府派遣完全代表参加劳工大会。他在与工商部长孔祥熙会谈时，建议国民政府实施工厂检查制度。为加强国际劳工局与中国的联系，多玛氏向大会理事院建议设立中国分局。1930年5月，国际劳工局中国分局在南京成立，陈宗城出任首任局长。该局的职能是以调查和收集中国劳工情况、介绍国际劳工活动为主要工作内容，出版了专门刊物《国际劳工消息》（后改为《国际劳工通讯》）。1931年9月，国际劳工局又派工厂检查专家彭恩和安德生来华协助规划工厂检查制度。"其后中国对于工厂检查制度之推进，在技术方面曾屡得国际劳工局之指导，而尤以工厂安全及卫生检查细则之拟订，获得该局之协助者最多。"① 1934年、1936年国际劳工局先后派助理局长莫勒特、海外科科长伊士曼来华考察。

二战后，国际劳工局加入联合国，积极推行其主张，《费城宣言》成为各国劳工政策的重要参考。中国作为联合国创始国，对社会安全（社会保障）建设给予了一定重视，并于1946年9月由社会部邀请了国际劳工局劳工部参事蒲乐开来华参观。蒲乐开在上海、无锡、北平、天津、青岛考察后，就建立社会保险、职业介绍及工厂检查制度向社会部提出备忘录。1947年2月，国际劳工局中国分局局长程海峰率劳工局儿童科科长狄伯特夫人和工业委员会科员戴必吾组成东南亚访问团对中国进行考察。1948年，国际劳工局派包卫女士来华，担任社会部顾问，协助办理职业介绍和青年训

---

① 《国际劳工组织与中国》，国际劳工局中国分局，1948，第57页。

练。无疑，国际劳工组织对中国社会保险制度建设也起到了积极推动作用。

同时，民国时期也是各国社会保险发展的一个重要时期，美国于 1935 年通过了《社会保障法》、英国在二战后实施《贝弗里奇计划》，向福利国家迈进，日本在 20 世纪初期就实行了《健康保险法》，苏联的国家保险制度也取得了巨大影响……这些国家社会保险制度的实施和作用无疑会给中国以影响和借鉴。南京国民政府 1929 年《劳动保险草案》的制定，就借鉴了英、法、德、意等国的社会保险立法中关于伤害保险和疾病保险的内容（见表 1-6）。40 年代，行政院社会保险局筹备处着手进行社会保险立法准备，对日本的国民健康保险法、苏联的社会保险法、美国的团体寿险实施要则等都曾进行研究。

中国共产党的社会保险，从相关法规到保险实践，贯穿着一个主题，即被保险人不负担费用。这和当时苏联实行的国家保险是相同的。苏联认为劳动者的实际工资不仅指现金工资，还包括社会工资，"是指免费的义务教育、免费诊治、社会保险、危险及疾病的预防、住宅之供给、业余娱乐的享受及其他物质保障的设施而言，其中社会保险最为重要"[1]。这被中国共产党视为"世界上最先进的保险制度"，并直接影响了中国共产党早期社会保险的相关实践。40 年代在东北解放区国营和公营企业实行劳动保险时，工人、职员作为被保险对象，不需承担保险费用，被视为区别于"加重剥削工人阶级的手段"的资本主义国家社会保险的重要特点[2]。

---

① 陈煜堃：《论社会保险费用之负担》，《社会工作通讯》1947 年第 4 卷第 12 期，第 5～7 页。
② 《劳动保险工作专辑》，湖北省人民政府劳动局，1951，第 51、18 页。

表 1-6　《劳动保险草案》借鉴西方诸国社会保险立法内容

类　别	西方诸国社会保险立法内容	《劳动保险草案》内容
伤害保险之范围	各国多取渐进主义，先限于工业、矿业，渐推至建筑业、运输业，最后及于农林业、商业。德国限于工、矿、建筑、运输4业之劳动者，始得受保险之利益，关于海员及农林业，则另有单行法之规定。英国规定凡属各种被雇人及海员渔夫，均得受保险之利益，但年收入在2500镑以上之被雇人，则在保险范围之外。意国凡属工业、矿业、农业之劳动者，瑞士凡属工业、土木工业之劳动者，乃在保险范围之内。法国限于年收入在4500法郎以下之工业、农业、商业之劳动者及海员。比国限于年收入在7000法郎以下之农工商业之劳动者，始得列于保险范围之内。	此案规定工业、矿业、建筑业、运输业之劳动者，在相当限制之下，均为强制保险人。
伤害保险之性质	各国之立法略分3期，自1881年至1895年为第一期，德、奥、挪威、芬兰、意大利均采用强制主义；1897年至1903年为第二期，英、法、西班牙、瑞典、俄、比均采用任意主义；1901年至1912年为第三期，荷兰、卢森堡、匈牙利、瑞士、俄罗斯又采用强制主义。	此案参照近日各国立法之趋势，证以伤害保险之利益，亦采用强制主义。
伤害保险金之负担	德、法、英、意、比、美、澳、瑞士均由雇主负担，雇主对于保险费可算入生产费内，实则转嫁于消费者，雇主亦无所损。	此案亦依各国通例，及本国习惯，规定保险金由雇主负担。
伤害保险给付之种类	—	此案对于短期伤害者，予以医疗及津贴费，长期伤害者，予以疗养费及残废年金，死亡者予以丧葬费及遗族之年金，各有差等。
伤害保险社之组织	各国分为私营、相互、国营3种。在强制保险之国，有由国家指定保险机关者，或为独占国营保险社，如挪威；或为雇主相互保险社，而受国家之监督，如德、澳、匈、俄；有自由选择保险机关者，或则相互、国营、私营保险社之并立，如意大利、荷兰；或则仅有相互、私营之保险社，如芬兰。在任意保险之国，亦有相互、私营、国营保险社之并立者，瑞典、法兰西是；或又仅有相互、私营之保险社，而无国营者，英、比、日、丹是。澳大利亚伤害保险社经理人由雇主、雇工之代表及政府任命之人，各占1/3。瑞士强使全国组织一个相互保险社，其执行委员定为50人，劳动者及雇主之代表各16人，国家之代表18人，政府劳资三方共同管理。	此案参酌采用瑞士之办法。

续表

类　别	西方诸国社会保险立法内容	《劳动保险草案》内容
伤害保险金之征收	各国通例有分配法及积资法。积收赔偿费所应用之资本，若以当年赔偿费为基础，而计算所需资本之数，是为估费积资法。若预先计算固定之数，以决疑数为基础，依保险原则估计，除管理费及公积金，其资本价值足以赔偿每年之所需者，是为定额积资法。分配法即依当年需要之数，由雇主分摊。担任分摊之法，按照每会员支取薪金或工资之数，及其经营事业所属之危险等级算定之，其征收之保险不超过每年所必需之数，其费用可详细计算，且雇主不需预纳基金，得将此款为营业之用，德国及卢森堡皆用此法。	此案亦采用担任分摊之法。
疾病保险之性质	劳动疾病保险，起源甚古，其始皆取任意保险主义，德国于1883年首先采取强制保险主义，其后澳大利亚于1888年、匈牙利于1891年、卢森堡于1901年、挪威于1909年、塞尔维亚于1910年、英国于1911年、俄国和罗马尼亚于1912年、荷兰于1913年，相继采用强制保险主义。	此案亦仿照各国现行制度，采用强制保险主义。
疾病保险之范围	各国有广狭不同，大抵初设保险之时，范围较狭，嗣后渐次推广。日本健康保险法之强制被保险人，仅限于适用工厂法及矿业法之职员、职工、矿工。德国1883年之法律，关于被保险人之范围，限定于一定之职业种类，其后于1911年之改正法，始扩大其范围，几包含一切之劳动者，怜对于高级官吏、教师、船长等，以其所得不超过2500马克为强制条件。1909年之挪威法及1911年之英国法，及使一切劳动者，皆为强制被保险人。	此案参照各国最近立法之势，规定"凡为工资工作之劳动者，除有特别规定外，皆为强制被保险人"，同时鉴于国内产业现状，其中有未便即时施行者，则又定为不为强制被保险人。又关于被保险人之规定，各国立法通常亦分为强制及任意两种，大抵普通劳动者概为强制被保险人，然其经济地位较高，收入较多者，不为强制被保险人，此案仿各国立法例，分别规定之。

续表

类　别	西方诸国社会保险立法内容	《劳动保险草案》内容
疾病保险之给付种类	日本法分为疾病给付、分娩给付、死亡给付3种。德国法则分为疾病给付、产妇给付、死亡给付、家庭给付4种。又日本法保险给付之种类金额支付期间，皆依法令之规定，于法令规定以外，不得为保险给付增加金额，或延长支付时间。德国则分为正常给付与附加给付，正常给付为法令所规定最少限度之给付，附加给付则为保险社财政有余裕时，于法令所认许之范围内，依章程之规定所增加之保险给付。	自被保险人保护之点观之，德法较善于日法，此案采用德制。
疾病保险之组织	德国保险社分为自治区组合、地方组合、工厂组合、手工业组合4种，保险关系极复杂。日本健康保险之保险者为政府及健康保险组合。卢森堡分为地方疾病保险社与事业疾病保险社两种。	此案参照卢森堡制度，规定"疾病保险之保险人，为地方疾病保险社及事业疾病保险社"。
疾病保险金之负担	各国立法例大致为二：（1）劳动者负担2/3，雇主负担1/3，国家不补助；（2）雇主与劳动者平均负担，国家予以补助。前者为德制，已属陈旧，近世各国立法多采后者。日本规定事业主及劳动者各负担保险金之一半，国家负担各健康保险组合之保险给付所需费用的1/10。英国则事业主及劳动者共负担经费的7/9，国库负担2/9。	此案参照各国最近立法例，规定保险金由事业及劳动者各负担一半，政府对于地方疾病保险社，负担其事务费，对于事业疾病保险社，每年给予津贴500元。

资料来源：谢振民：《中华民国立法史》（下册），中国政法大学出版社，2000，第1070～1073页。

第二章
社会保险思想渊源及理论基础

民国时期中国处于由传统社会向现代社会转型之中,一方面,工业化有了初步发展,社会保障现代化已成为社会经济发展的客观要求;又由于工业还不发达,农业时代的社会保障仍然存在,传统社会保障思想成为重要的社会保险思想渊源。另一方面,西方工业先进国家社会保险思想和实践经验的传入,为社会保障现代化提供了理论基础和现实参照。与此同时,学术界关于社会救济、社会保险、社会福利等社会保障问题的研究也为社会保险制度建设提供了理论基础。

第一节　渊源之一:传统社会保障思想

"天有不测风云,人有旦夕祸福",自然灾害和人的生老病死是客观存在的,对生命、生活的保障,是人类有史以来的重要内容之一。中国是历史悠久的文明古国,在漫长的古代社会发展历程中,对于自然灾害、社会问题形成了丰富的社会思想和应对之策。在古代社会思想中,荒政思想、大同社会理想、民本主义思想、社会互助思想中不乏社会保障思想的存在，成为中国现代社会保险思想的渊源。

一 古代荒政思想

中国地处亚洲内陆地区的季风地带，水旱灾害频繁。"从公元前十八世纪，直到公元二十世纪的今日，将近四千年间，几于（乎）无年无灾，也几于无年不荒，西欧学者甚至称我国为饥荒的国度。"[①] 因此，我国有着丰富的救荒思想和实践。早在上古社会，人们就形成了通过储备粮食应对灾荒的思想。《礼记·王制》说："国无九年之蓄，曰不足；无六年之蓄，曰急；无三年之蓄，曰国非国也。三年耕必有一年之食，九年耕必有三年之食，以三十年之通，虽有凶旱水溢，民无菜色。"这实际上是国家在丰年时，通过强迫缴纳粮食进行储备，以便在灾荒到来时能够救济百姓度过灾年。《逸周书·文传》指出："天有四殃，水旱饥荒，其至无时，非务积聚，何以备之？"这里的"备"和"水旱饥荒"的"积聚"，显然是一种社会保险的思想。据说，周文王曾在遭遇严重灾荒的时候，召集文武百官商讨"救患分灾"的对策，这些对策在《逸周书·大匡》中均有记载。值得注意的是，"分灾"两字的"分"是分散的意思，"分灾"就是分散灾害损失，这表明商周时期人们就有了分散危险和管理危险的观念了。[②] 这种原始的保险观念反映到国家政策上，就是仓储制度和荒政措施的实行。

自西周起仓储制度开始实行，即建立专门的储存粮食的仓库，以此用来稳定粮价，借贷或放粮救荒、济贫。仓储制度延续历朝历代而不衰：战国时期有平籴仓；汉代设常平仓；隋代设义仓、社仓；唐代

[①] 邓云特：《中国救荒史》，《民国丛书》第2编第20册，上海书店，1990，第1页。
[②] 参见马永伟、施乐群主编《当代中国保险》，当代中国出版社，1996，第2页。

设常平仓和义仓；五代后周设惠民仓；宋代推广惠民仓、广惠仓、丰储仓；明代有预备仓、济农仓；清代州、县设常平仓，市、镇设义仓，乡村设社仓。在农业社会条件下，仓储制度为救灾赈灾起到过积极的作用。在漫长的古代社会，历朝历代都面临着救荒问题，在农本经济基础上，逐渐形成一套成熟而完备的救荒思想。民国时期，邓云特在《中国救荒史》一书中对古代荒政思想给予了总结，将之分为积极的、事先预防的重农说、仓储说、水利说、林垦说、除害说、放贷说、节约说和消极的、事后救济的赈济说、调粟说、养恤说、安辑说、蠲缓说。这些思想都在一定程度上强调通过国家力量为民众提供经济生活的最低保障。"毋庸置疑，我国自夏朝以来所形成的荒政思想和仓储制度是社会保险的雏形。"①

二　大同社会理想

中国远古时代早期，没有文字记载，只能从传说中了解点滴的社会保险思想，在物质条件十分有限的情况下，为维护社会正常运行，"养生送死"成为基本的原则。《尚书·大禹谟》中就引录有据说是禹的言论："於，帝念哉！德惟善政，政在养民。"

大约在公元前 6 世纪，出于对远古尧舜禹三代社会的追想，孔子在《礼记·礼运篇》中描绘了一个理想的社会：

> 大道之行也，天下为公，选贤与能，讲信修睦。故人不独亲其亲，不独子其子，使老有所终，壮有所用，幼有所长，矜寡孤独废疾者，皆有所养，男有分，女有归。货恶其弃于地也，不必

---

① 颜鹏飞主编《中国保险史志（1805-1949）》，上海社会科学院出版社，1989，第 3 页。

藏于己；力恶其不出于身也，不必为己。是故谋闭而不兴，盗窃乱贼不作。故外户而不闭，是谓大同。

　　按照孟子的解释，老而无妻者称矜，老而无夫者称寡，少而无父者称孤，老而无子者称独，属于丧失或尚未形成劳动能力而无依靠的人；废指残废者，疾指受疾病折磨的人，实际上即是我们今天所说的社会弱势群体。大同社会的特点是"天下为公"，是一个实行社会财富公有，选拔有才能的人管理，人人互相帮助、各尽其能而各得其所，夜不闭户、路无拾遗的和谐社会。在这个理想社会，人们一生中面临的就业问题、家庭婚姻问题、生老病死问题都有安排，包括弱势群体在内的每一个社会成员都能合理地生存。孟子进一步阐发了孔子的上述思想，将之视为王道政治的基础："无恒产而有恒心者，惟士为能。若民，则无恒产，因无恒心；苟无恒心，放辟邪侈，无不为己……是故明君制民之产，必使仰足以事父母，俯足以蓄妻子，乐岁终身饱，凶年免于死亡"，"使民养生送死无憾，王道之始也"①。

　　大同社会理想成为儒家的经典思想，在以后的社会中有所发展。东晋《抱朴子》《桃花源记》都描绘了一个人人平等、共同劳动、安居乐业的社会。宋代康与之也在《昨梦录》一书中描绘了一个人人平等、按需分配的理想社会。可以说，大同社会是中国无数仁人志士奋斗的理想目标。到了近代，太平天国的《天朝田亩制度》和《资政新篇》、康有为的《大同书》、孙中山的三民主义都不同程度地受到这一思想的影响。孔子的大同社会理想，"应当说是世界上有文字可查的最早表达的社会保障性质的思想"②。这一思想成为民国时期社会保险

---

① 《孟子·梁惠王上篇》。
② 刘燕生：《社会保障的起源、发展和道路选择》，法律出版社，2001，第23页。

的指导思想："礼运大同篇之主张，尤是为社会保险最终目的之南针。"①

三 民本思想

社会保险是由政府推行的社会政策，其保险对象是社会的全体劳动者，这是现代国家对其公民的义务。在古代社会，君权神授，民是相对于君主而言的老百姓，是统治者的统治对象。统治者从维护其统治的目的出发，产生了以民为本的思想，在实践中体现为惠民、保民的官方救助。民本思想中蕴含着对社会保险中政府承担责任的认识。

对民的重视是从商朝开始的。《管子·轻重甲》中载齐桓公与管仲的对答：

> 桓公问管子曰："夫汤以七十里之薄，兼桀之天下，其故何也？"管子对曰："桀者冬不为杠，夏不束柎，以观冻溺。弛牝虎充市，以观其惊骇。至汤而不然。夷境而积粟，饥者食之，寒者衣之，不资者振之，天下归汤若流水。此桀之所以失其天下也。"

这说明商朝开国之主成汤对"民"的重要性已有所认识，因而采取赈恤饥寒的措施以争取民众的支持。《周易·蛊》中有"君子以振民育德"的字句，意即赈济民众，培生德性，是君子的责任，表明"振民"是执政者的主要责任的观念已经形成。《周礼·地官司徒·大司徒》指出保民的6条政策："以保息六，养万民：一曰慈幼，二曰养老，三曰振穷，四曰恤贫，五曰宽疾，六曰安富。"战国时期，孟子提出了"君轻民贵"的口号，要求统治者做到"天下有溺之者，由

---

① 陈煜埜：《社会保险概论》，南京经纬社，1946，自序。

己溺之，天下有饥饿之者，由己饥之"①。这种"己饥己溺"的责任意识在民国时期的灾荒救济中仍有体现。② 管仲提出了"兴德六策"和"九惠之教"。兴德六策即"匡其急""振其穷""厚其生""输之以财""遗之以利"及"宽其政"③；九惠之教"一曰老老，二曰慈幼，三曰恤孤，四曰养疾，五曰合独，六曰问疾，七曰通穷，八曰振困，九曰接绝"④。这些措施中即包含着养老保险、疾病保险的早期身影。统治者为巩固自身的统治，对于赈灾、恤贫、养老的工作不敢松懈，在宋代，赈灾、救济鳏寡孤独终于成为一种制度固定下来，有效地维护了社会的稳定。

值得注意的是，鸦片战争以后，西方近代社会政治学说传入中国，主张君主立宪的资产阶级改良派在宣传西方资产阶级的"民权"思想时，在传统思想中寻求变法的理论依据，民本思想向近代化演变。康有为在给光绪帝的奏折中，就引《尚书·洪范》《孟子》《周礼》的有关记载，证明自己主张"君民同体"，符合"先王之治天下，与民共之"的古训。严复在《辟韩》中把君主和臣民的关系看作历史早期阶段社会分工的一种需要："君也臣也刑也兵也，皆缘卫民之事而后有也。""斯民也，固斯天下之真主也"；"秦以来之为君，正所谓大盗窃国者耳。"谭嗣同在《仁学》中说："生民之初，本无所谓君臣，则

---

① 《孟子·离娄下篇》。
② 1931 年长江流域发生特大水灾，在《湖北省会水灾赈济实录》中，张治中题词"饥溺在抱"，杨虎城题词"饥溺尤己"，曾养甫题词"己溺己饥　博施济众"。1935 年长江流域再次发生水灾，蒋介石强调"在这样的危难中，我们政府当局，固然要本己饥己溺之怀，竭力拯救，就是全中国人，无论哪一个都应该有救我们同胞的责任"。见《中央日报》第15 册，第 799 页。在 1942 年第一次全国社会行政会议召开时，蒋介石致辞强调要"师恺悌恤民之遗意，抱拯饥救溺之胸襟"，以"亲民和众"为社会行政主旨。见《社会工作通讯月刊》创刊号。
③ 《管子·五辅》。
④ 《管子·入国》。

皆民也。民不能相治，亦不暇治，于是共举一民为君……夫曰共举之，则因有民而后有君，君末也，民本也……夫曰共举之，则且必可共废之。"认为君臣皆因"卫民"的需要而设，民才是"天下之真主"，"君末也，民本也"，民可举君，也可废君。① 这些观点已经突破传统民本思想，带有浓厚的近代民主色彩，成为国家对民众负有社会保障责任的理论基础。

四　社会互助思想

古人很早认识到以个人的力量是不能满足生活和安全的需要的。《吕氏春秋·恃君览》中说："凡人之性，爪牙不足以自守，肌肉不足以捍寒暑，筋骨不足以从利避害，勇敢不足以却猛禁悍"，只有团结互助，依靠集体的力量，才能抵御自然灾害和外敌的侵袭。墨子主张"兼爱交利"，提出"为贤之道将奈何？曰：有力者疾以助人，有财者勉以分人，有道者劝以教人。若此，则饥者得食，寒者得衣，乱者得治"②。孟子也主张"出入相友，守望相助，疾病相扶持，则百姓亲睦"。③ 二者都强调了互助对于统治稳定、社会和谐的重要作用。那么，在社会经济发展、贫富悬殊扩大的情况下，如何实现互助呢？董仲舒提出通过贫富之间的均衡调度来减少差距，从而使社会安定，"孔子曰：'不患贫而患不均。'故有所积重则有所空虚矣。大富则骄，大贫则忧。忧则为盗，骄则为暴，此众人之情也。圣者则于众人之情，见乱之所从生，故共制人道而差上下也。使富者足以示贵而不至于骄，贫者足以养生而不至于忧，以此为度而调均之，是以财不匮而上下相

---

① 王业兴：《孙中山与中国近代化研究》，人民出版社，2005，第9页。
② 《墨子·兼爱下篇》。
③ 《孟子·滕文公上篇》。

安，故易治也"①。这实际是对社会财富的重新分配从而使贫困者得以养生，通过缩小社会贫富差距来维护社会稳定的一种政策。这和社会保险制度的目的是相同的。

综上所述，我国古代社会思想即蕴含着风险不可避免、个人无力应付，国家（政府）应承担社会保险的责任等丰富的社会保障思想。从社会保障实践来看，"中国古代的社会保障事业虽然因为生产力所限，总体上处于低层次水平，但其保障范围却很全面，基本上囊括了近现代社会保障业务的主要内容"②。民国时期，中国尚处于从传统农业社会向现代工业社会转型的时期，传统社会保障思想，尤其是古老的大同社会理想，成为社会保险思想产生的思想渊源。

第二节　渊源之二：西方社会保险思想的传入

19 世纪 80 年代到 20 世纪上半叶，现代社会保险制度在西方国家得以建立和发展，其间，1883～1889 年德国的社会保险三法的创制、美国 1935 年《社会保障法》的颁布、20 世纪 40 年代英国贝弗里奇计划的实行，成为社会保险制度发展的标志。"不容忽视的事实是，第一次世界大战后国际间社会保障的相互影响和传递，已绝非仅仅限于欧洲，其普及之势继续向其他各大洲推及，首先是拉美，再后是非洲和亚洲。"③ 西方社会保险思想成为民国时期社会保险制度的理论来源。

一　西方社会保险制度的历史考察

英国的《济贫法》首开社会保险制度的先河。自 15 世纪末期起，

---

① 《春秋繁露·制度》。

② 龚汝富：《浅议中国古代社会保障体系》，《光明日报》2001 年 12 月 4 日。

③ 郭士征：《社会保障——基本理论与国际比较》，上海财经大学出版社，1996，第 196 页。

英国资本主义的原始积累过程中"羊吃人"运动夺取了农民的土地，迫使他们背井离乡涌入城镇寻求生存，形成庞大的城镇乞丐和流浪者队伍，成为当时严重的社会问题。英国政府为此开展救济贫民的工作。在此之前，安贫济困的职责最早是由教会承担的。1601 年，英国女王伊丽莎白颁布《济贫法》，规定全国普遍设立收容贫民的救济院；对贫民实施救济是每个济贫区的责任，每个济贫区都要委任若干贫民救济官，为所有贫民及其家属安排工作；对有财产的人征收济贫税。《济贫法》第一次以法律形式确定了国家对贫民负有救济的责任，为现代社会保险制度的萌芽打下了基础。《济贫法》颁布后，英国议会又相继通过《吉尔伯特法》以及《济贫法》修正案。在英国的影响下，1763 年，瑞典也制定并颁布了《济贫法》。

19 世纪后半叶，欧洲各国相继完成了工业革命，并确立了资本主义的社会政治经济新秩序，后起的德国在 80 年代率先建立社会保险制度。1871 年德意志帝国建立，第一次完成统一的历史任务。由于刚刚取得了普法战争的胜利，获得了 50 亿法郎的战争赔款，雄心勃勃的德意志帝国决心加快国内经济发展，扩大殖民势力。德国国内的劳资关系比较紧张，在社会民主党的领导下，工人运动如火如荼地进行。"铁血宰相"俾斯麦（Bismarick）上台后很清楚，要想取得对内对外政策的胜利，关键在于安抚工人，调和劳资关系，给予工人更多的生存和发展的权利，这是一种消除革命的投资。否则，国家的工业发展会受到制约，向国外的扩张也会成为泡影。为此，1881 年 11 月 17 日，德皇威廉一世颁布《黄金诏书》，宣布要制定"社会保险基本法"。1883 年，德国颁布了《疾病保险法》，对工资劳动者实行强制疾病保险，费用由雇主承担 30%，雇工承担 70%。这是世界上第一部社会保险法规，它标志着现代社会保险制度的诞生。随后，德国政府于 1884

年颁布了《工伤保险法》，确定雇主承担全部费用的工伤保险制度；1889 年颁布了《养老、残疾、死亡保险法》，对 75 岁以上的工人及公务员提供养老金，费用由国家、雇主及雇工三方分担。1911 年德国政府又颁布了《社会保险法》，共 185 条，将以前的社会保险条例合并，并增加了遗属保险。至此，德国的社会保险体系初步形成。无可否认，德国创办社会保险是为了维护资产阶级的统治和经济利益，为了抵消社会主义思想对工人的影响，从而稳定国内政局。但是，它在新的历史条件下，改善了工人的生活状况，满足了社会化大生产对劳动力的要求，从这个意义上看，是时代的进步，也是对人类文明的贡献。

德国的社会保险制度对西欧其他国家产生了重要的影响，各国纷纷仿效德国的做法。信奉自由主义的英国也于 1911 年制定国民保险法，强制对工业劳动者实施健康保险；此外，又实施失业保险，为社会保险的发展开辟了新纪元。到 20 世纪 20 年代，包括日本、印度在内，"已有二十几国，都已在立法上实现了强制保险制"[①]。与此同时，世界上第一个社会主义国家苏俄，也于 1918 年颁布了《劳动人民社会保险条例》，提出了社会主义社会保险的原则和各项具体制度，对全体劳动者提供普遍的劳动保险，建立了第一个社会主义国家的社会保险制度。1921 年，苏俄已设立有疾病、伤害、残废、遗族、失业等保险项目。

1929～1933 年发生了世界性的经济危机，整个资本主义世界的工业生产下降了 37%，国际贸易数量减少了 2/3；大量的工厂倒闭，大批工人失业，1933 年失业人口总数达到 3000 万人之多，造成严重的社会问题。为此，1935 年 8 月，美国国会通过以社会保险为主体的

---

①   张法尧：《社会保险要义》，上海华通书局，1931，第 32 页。

《社会保障法案》。该法案提出了雇主、工会和雇员保险的办法，对于劳动者死亡、年老、伤残、失业、患职业病等，由政府提供最低生活保障金。并且确立了由联邦政府、州和地方政府共同参与、分级办理的社会保险体制。虽然比起欧洲发达的资本主义国家，美国实施社会保险政策要晚得多，但却是第一个制定社会保障法的国家。《社会保障法案》的颁布，标志着社会保险开始进入一个新阶段。

第二次世界大战爆发后，1941 年 6 月，英国成立社会保险和相关服务部际协调委员会，着手制定战后社会保障计划。自由党人、伦敦经济学院院长贝弗里奇教授出任主席，负责调查和提出方案。1942 年，他提交了《贝弗里奇报告：社会保险和相关服务》（Beveridge Report：Social Insurance & Allide Service），制定一个以社会保险为核心的社会保障计划。工党在竞选中承诺要使国民普遍享受到福利，使国家担负起保障公民福利的职责，深受战后渴望安定生活的人们的欢迎，顺利获得大选胜利。工党上台执政后为兑现承诺，相继颁布了五项社会保障立法：1945 年的《家庭补助法》规定对于有两个或两个以上儿童的家庭给予补助；1946 年的《国民保险法》规定实行强制性全民保险制度，提供均一费率及均一给付的老年年金、疾病津贴及失业津贴；同年的《工业伤害保险法》和《国民医疗保健法》则规定对工业劳动者实行工伤保险并对全体国民实行免费医疗；1948 年又颁布《国民救济法》作为上述法律的补充，即对不能享受上述法律保护者，或虽享受但仍不能满足基本生活需要者给予补充救济。这五部法律同时于 1948 年 7 月 5 日生效，过去的有关立法一概被废除，英国历史上著名的《济贫法》在经过了 300 多年后也告终止。英国五部法律的颁布实施，最终使"贝弗里奇计划"从理论变为现实，形成了包括失业、伤残、疾病、养老、死亡、家庭津贴等内容的社会保障体系。

1948 年，英国首相艾德礼宣布英国第一个建成福利国家，瑞典、芬兰、挪威、法国、意大利纷纷仿效英国，投入福利国家的建设中去。

二　西方社会保险制度的主要理论来源

西方社会保险制度建立和发展的过程，也是国家干预经济、通过经济手段进行国民经济再分配逐渐加强的过程。在此期间，以庇古为代表的福利经济学和主张国家干预经济、实现充分就业的凯恩斯主义对政府实施社会保险政策产生了极大影响；而贝弗里奇报告则确立了实施社会保险的原则。三者成为西方社会保险制度的主要理论来源。

福利经济学理论是针对传统经济学产生的。传统的经济学认为，国家的职责就是维护社会秩序和国家安全，对经济活动应采取自由放任政策，由市场自行调节经济活动。德国新历史学派的施穆勒、布伦坦诺等人对此传统观念提出修正，认为国家除了维护社会秩序和国家安全之外，还有一个"文化与福利的目的"。他们主张应由国家兴办一些公共事业诸如社会保险，开展公共教育来增进国民的福利。20 世纪初期，英国费边主义者韦伯夫妇反对暴力革命，他们最早提出了"福利国家"的概念，主张通过国家对贫民、失业者、病人、残疾人、老年人实行救济，以此缓和劳资对立，用渐进的改良办法实现社会主义。这一理论为社会保险制度的建立提供了一定的理论支撑。

庇古是英国新古典经济学派的代表人物之一，1920 年出版《福利经济学》一书，从福利的角度来观察经济体系的运行，认为好的经济体系能够实现社会福利的最大化。庇古建立了比较完整的社会福利经济学体系，其主要观点为：国民收入的总量越大，社会经济福利的影响就越大；国民收入分配越是均等化，社会经济福利就越大。国家应实行养老金制度和失业救助制度，通过两种途径将富人的部分收入转移给穷人：一是由政府举办社会保险和兴建社会服务设施，帮助社会大众化解生活风险，享受一定的福利；二是由政府对穷人最迫切需要的生活必需品如食品、住宅等生产部门，给予一定的补贴，从而降低售价，让穷人间接得益。这样才能提高工人的工作效率，实现福利的最大化。[①]

凯恩斯在 1936 年出版《就业、利息与货币通论》一书，摈弃了传统经济学认为国家对经济活动应采取自由放任政策的观念，系统地表达了其有关预防经济危机的论点。凯恩斯主张国家干预经济，实现充分就业。他认为，国家要有意识地增加政府的财政支出，采用扩张性的经济政策，通过兴建大型公共基础设施对失业者、贫困者予以救济，通过发展社会福利事业来刺激消费需求、促进经济增长。凯恩斯主义被视为经济学界的革命，其"国家干预论和增加公共支出等政策主张，为国家建立社会保障制度并通过这种制度来调节社会经济的发展，确实扫清了理论障碍，从而事实上推进了现代社会保障制度的发展"[②]。

1941 年 6 月，英国成立社会保险和相关服务部际协调委员会，着手制定战后社会保障计划。贝弗里奇教授出任主席，于 1942 年提出了《贝弗里奇报告：社会保险和相关服务》。贝弗里奇在对现存英国社会保障制度进行调查的基础上，提出要以消灭贫困、疾病、肮脏、无知和懒散五大社会病害为目标，制定一个以社会保险为核心的社会保障计划。贝弗里奇认为社会保险应旨在确保维持生存的最低限度的收入，主张通过建立一个社会性的国民保障制度，对每个公民提供 9 种社会保险待遇：失业、伤残和培训保险金，退休养老金，生育保险金，

---

① 参见陈红霞编著《社会福利思想》，社会科学文献出版社，2002，第 245~246 页。
② 郑功成：《社会保障学》，商务印书馆，2000，第 69 页。

寡妇保险金，监护人保险金，抚养保险金，子女补贴，工伤养老金，一次性补助金（包括结婚、生育、丧葬和工亡四种补助金）。社会保障计划包括三种保障方法：社会保险、社会救济和自愿保险。报告中提出了四项基本原则：一是普遍性原则，社会保障应满足全体居民不同的社会需要；二是保障基本生活原则，即社会保障只能确保每一公民最基本的生活需要；三是统一原则，即社会保障的缴费标准、待遇支付和行政管理必须统一；四是权利和义务平等的原则，即享受社会保障必须以劳动和缴纳保险费为条件。[①] 可以说，贝弗里奇报告在理论上确立了社会保障的主要内容、基本功能与原则，丰富了社会保障理论，是西方社会保障理论发展史上的一个里程碑。

三　西方社会保险理念的传入

晚清时期，得风气之先的知识分子在思考中国面临"数千年未有之大变局"、寻求富国强兵之途时，自然而然地将目光投向比中国先进的资本主义制度，向西方国家寻找真理。他们通过亲身考察或阅读理解，阐述了对西方社会保障制度的认识，西方社会保险理念开始传入中国，为中国社会保险制度的建立奠定了思想基础。

19世纪40年代，魏源（1794～1857年）在《海国图志》中介绍了英国的保险业。该书把保险（Insurance）意译为"担保"，把保险公司（Insurance Company）译为"担保会"，把火灾保险（Fire Insurance）译为"宅担保"，把海上保险（Marine Insurance）译为"船担保"，把人寿保险（Life Insurance）译为"命担保"。魏源最早注意到人寿保险的社会意义："假如老妻弱子，身后恐无生计，每年

---

① 《贝弗里奇报告——社会保险和相关服务》，中国劳动社会保障出版社，2004，译者序，第2～3页。

于会中人五十元，死后如后嗣成立，无需周恤则已，如贫不能自存，则会中赡其家，每年一千元。"① 洋务派知识分子冯桂芬（1809～1874年）曾师从林则徐，思想颇受其影响，主张"采西学""制洋器"，"以中国之伦常名故为原本，辅以诸国富强之术"。19 世纪 50 年代，他曾撰文《收贫民议》，介绍了荷兰的社会保障制度，"荷兰有养贫、教贫二局，途有乞人，官若绅辄收之，老幼残疾入养局，廪之而已。……已是国无游民，无饥民"②。太平天国的干王洪仁玕（1827～1864 年），曾在香港生活 6 年，亲眼看到资本主义给香港带来的许多变化，在同外国传教士的交往中了解到欧美列强的政治体制，努力学习近代天文、地理、医学等知识。容闳曾评价他"居外久，见闻稍广，……凡欧洲各大强国所以富强之故，亦能知其密匙所在"③。他在 1859 年提出以资本主义制度为蓝图的施政纲领——《资政新篇》，主张引进西医、设立医院以解除百姓疾病之苦。随着洋务运动的进行，驻外使馆官员对国外社会保障制度有了直接认识，甚至认为这是西方富强的一个原因。如清朝驻英国公使馆副使刘锡鸿就对英国的"养民之政"大加赞扬："人无业而贫者，不令沿街乞丐，设养济院居之，日给饘餐，驱以除道造桥诸役。故人知畏劳就逸，转致自劳而自贱，莫不奋发以事工商。国之致富，亦由于此。"④ 郑观应（1842～1922年）为洋务企业的举办者，主张设立议会，实行君主立宪制；收回利权，振兴民族工商业，与列强商战。他对西方国家实施的慈善、恤工制度非常欣赏，在《善举》一文中介绍了德国推行的"百工保险"的办法："凡七日抽工银数厘，厂主各助数厘，国家贴官帑若干，积成

---

① 参见中国保险学会《中国保险史》，中国金融出版社，1998，第 29～31 页。
② （清）冯桂芬：《校邠庐抗议》，中州古籍出版社，1998，第 154 页。
③ （清）容闳：《西学东渐记》，岳麓书社，1985，第 57 页。
④ 钟叔河主编《走向世界丛书：英轺私记》，岳麓书社，1985，第 95 页。

巨款。如遇百工或老、或弱、或疾病、或受伤，即将保险之资拨赔养赡。"郑观应肯定德国的劳工保险对工人自身及其家庭的保障作用，认为"利己利人莫善于此。而水火、盗贼诸险，可由此而推矣"①。郑观应表现出敏锐的观察力，是较早注意到国外社会保险制度的资产阶级知识分子。

还有人在杂志上介绍国外社会保险制度。陈莪生在《德国百工保险新法》一文中，介绍了德国通过的社会保险法，并希望晚清政府注意这一新生事物，"吾愿王天下者尚其加意及此"。② 此后，《大德国工会养老》《大英国工匠新章》《大奥国工匠保险》《美国惠工有道》《比利时惠工善政》也相继介绍了西方的社会保险制度。③ 不过，中国传统的社会思想对这些思想家还有着深刻的影响，他们大多将国外社会保险制度视为中国传统的"善政"，是统治阶级对人民的施舍。郑观应在评价欧美各国有立法保障的各种社会保障制度时，就称赞"其意美法良，实有中国古人之遗意"④。

在这一时期，著名的资产阶级维新运动思想家康有为（1858～1927 年）也关注到社会保障问题。康有为既通晓传统文化，又对西学有积极主动的学习。戊戌变法失败后，他曾周游欧美列国，对资本主义社会物质文明的发达留下了深刻印象，同时也指出"不过世界之外观，于民生独人之困苦，公德之缺乏，未能略有补救也"。无论中西，现实世界都难以令人满意，康有为转而寄情于自己的理想社会。他于1902 年完成了《大同书》，在书中揭露和批判了现实社会财富不均、政府专制、男女不平等、家族束缚的苦难，详尽地描绘了一个"无邦

---

① （清）郑观应：《盛世危言》，中州古籍出版社，1998，第 249 页。
② 林乐之主编《万国公报》第 16 册，台北：华文书局股份有限公司，1968，第 10704 页。
③ 见林乐之主编《万国公报》第 21、35、39 册，台北：华文书局股份有限公司，1968。
④ （清）郑观应：《盛世危言》，中州古籍出版社，1998，第 249 页。

国，无帝王，人人相亲，人人平等，天下为公"的太平社会。我们可以从中了解其关于社会保障制度的主张。在这个没有国家、家庭的大同世界里，所有事物都由选举产生的世界政府和地方公立政府管理。人们没有家庭，由公立政府"当公养人而公教之、公恤之"，承担每一个人一生保障。在婴幼、孩童阶段，由专门照顾孕妇、婴儿以及小孩的公养机构来抚养；求学受教育阶段，由从慈幼院、小学、中学到大学的公教机构来进行培养；老弱病残人士由公恤机构来照顾。人人受高等教育后，参加大农场或大工厂的工作，服务社会。在新发明和新机械的帮助下，工人只需每日工作 3 至 4 个小时，就可充分享受公用文化休闲设施，如"极乐天中之仙人也"。农民共同劳动，由政府提供宿舍、食堂及文化设施。每个工厂、农场都附设学校、公共育婴院、医院、老人院、穷人收容院等福利设施。公众火葬场是所有人最后的必经之途，紧邻的便是化肥厂。[①] 这样，公政府承担了人们生老病死的保障，"要胜过近代任何福利国家所能做到的"[②]。这是一个科学文化高度发达，因而人人在物质生活上（衣、食、住、行）和精神生活上（文化、教育、娱乐）都得到充分满足的世界。

可以说，《大同书》虽然以中国传统大同理想为名，其实质却是在资本主义经济高度发达和政治民主的基础之上对未来社会的空想。其所展现出来的社会保障内容，已远远超过同时代实施社会保险制度的先进国家，是人类社会福利的理想所在。令人遗憾的是，康有为担心他在《大同书》中表达的思想让人难以接受，成书后一直秘而不宣，其社会影响也十分有限。

---

① 参见陈定闳《中国社会思想史》，北京大学出版社，1990，第 636～644 页。
② 〔美〕萧公权编著《近代中国与新世界：康有为变法与大同思想研究》，江苏人民出版社，1997，第 413 页。

第三节　孙中山民生主义的影响

对民国时期社会保障思想影响最大的，是孙中山的民生主义思想。孙中山是中华民国的创始人，伟大的资产阶级革命家和政治家、理论家，一生致力于"为众生谋幸福"，希望中国建设成为一个文明、富强、民主的国家。其所处的时代，正是欧美资本主义进入帝国主义阶段，国内各种社会问题日趋尖锐的时候。孙中山长期居留欧美、日本，对资本主义社会的病症十分了解，他曾多次指出欧美国家贫富悬殊、劳工群众依旧赤贫，只有少数资本家才能享受所谓的幸福。所以，他并不"以为振兴中国的目的就在于把中国变成足以和西方各国并驾齐驱的国家"，"我们必须是有远见的人"①，要避免这种状况在中国出现，其途径就是进行"毕其功于一役"的社会革命。三民主义之一的民生主义，就是社会革命的指导纲领，"是建设二十世纪新国家的完全方法"②。孙中山民生主义思想中即包含着丰富的社会保障思想。

一　以实现"天下为公"的社会理想为目的

世界潮流，浩浩荡荡，顺之则昌，逆之则亡。人类社会是一个不断进化的过程。"大道之行也，天下为公。"孙中山认为这就是人类进化的目标，而民生就是社会进化的动力，是"人民的生活——社会的生存，国民的生计、群众的生命"③。民生主义就是"要把社会上的财富弄到平均"，"要全国人民都可以得安乐，都不致受财富分配不均的

---

① 《孙中山在说》，东方出版社，2004，第89、92页。
② 《孙中山在说》，东方出版社，2004，第153页。
③ 《孙中山全集》第9卷，中华书局，1986，第355页。

痛苦"，使"四万万人都有饭吃，而且有便宜的饭吃"[①]。孙中山站在时代的前端，既看到资本主义发展带来的种种社会弊端，又清醒地认识到资本主义的发展是人类文明的进步，"文明有善果，也有恶果，须取那善果，避那恶果"，要"取法西人之文明而用之"，使中国"由古代之文明转为近代之文明"[②]。因此，在思考中国未来发展道路的问题上，孙中山主张通过平均地权、节制资本的办法，使社会财富得到均衡的分配，避免欧美贫富悬殊而导致社会问题尖锐的局面在中国出现，从而实现中国的繁荣富强，乃至进入一个"天下为公"的大同理想社会。

1912 年 10 月，孙中山应中国社会党之请，发表《在上海中国社会党的演说》，他热情洋溢地、充满预见地勾画理想社会的主要轮廓：

> 这是一个真正"自由、平等、博爱之境域"；国家"本社会之真理，集种种生产之物产，归为公有，而收其利"；全国人民"幼有所教，老有所养，分业操作，各得其所"；"国家有铁路、矿业、森林、航路之收入及人民地租、地税之完纳，府库之充，有取之不竭用之不尽之势"；"教育平等，凡为社会之人，无论贫贱，皆可入公共学校，不特不取学膳等费，即衣履书籍，公家任其费用。尽其聪明才力，各分专科，即资质不能受高等教育者，亦按其性之所近，授以农、工、商技艺，使其有独立谋生之材。卒业以后，分送各处服务，以尽所能"；"设立公共养老院，收养老人，供给丰美，俾之愉快，而终其天年"；"设立公共病院，……不收医治之费"；设"聋哑残废院，以济天造之穷"；设

---

① 《孙中山全集》第 9 卷，中华书局，1986，第 397 页。
② 《孙中山全集》第 1 卷，中华书局，1981，第 327、278 页。

"公共花园，以供暇时之戏"。①

显然，这是一个包含教育卫生、医疗保险、养老恤残、公共娱乐等在内，有着丰富社会保障内容的理想社会蓝图。

在天下为公的社会中，"人民平等，虽有劳心劳力之不同，然其为劳动则同也。即官吏与工人，不过以分业之关系，各执一业，并无尊贵卑贱之差也"。整个社会和谐相处，"农以生之，工以成之，商以通之，士以治之，各尽其业，幸福不平而自平，权利不等而自等"，是为民生主义的最高理想——"大同之世"②。

二   "民生主义以养民为目的"，国家应对其人民实行社会保障

孙中山曾说："余之谋中国革命，其所持主义，有因袭吾国固有之思想者，有规抚欧洲之学说事迹者，有吾所独见而创获者。"③ 孙中山继承了中国传统民本思想，并赋予其现代国家政府职责的意义。早在1894年他就认识到"夫国以民为本，民以食为天，天不足胡以养民？不养民胡以立国？"提醒清政府应该进行改革以改善民生。走上革命道路后，1905年孙中山在同盟会誓词中将奋斗目标定为"建立民国"，进一步明确了国家与人民的关系，将人民视为国家主人，在中国历史上具有开创性的意义。中华民国建立后，他强调人民才是国家的主人，"现在民国的天下，是人民公有的天下，国家是人民公有的国家。……从前帝国的时代，四万万人都是奴隶，现在民国时代，大家都是主人翁"④。他注意到欧美国家的社会保障建设，"近日文明各国政府之职务，已渐由政治

① 《孙中山全集》第2卷，中华书局，1986，第523~524页。
② 《孙中山全集》第2卷，中华书局，1985，第524页。
③ 《孙中山全集》第7卷，中华书局，1985，第60页。
④ 《孙中山在说》，东方出版社，2004，第149页。

兼及于经济矣", "谋国者，无论美、英、德、法必有四大主旨：一为国民谋饭吃；二为谋穿衣；三为国民谋居室；四为国民谋走路"。为此，他强调"民生主义以养民为目的"，国家要满足人民的衣、食、住、行的基本物质需求和教育、娱乐的精神需求，"任何人都可以向国家来要求"，"我们要解决民生问题，不但是要把这四种需要弄到很便宜，并且要全国的人民都能享受。所以我们要实行三民主义造成一个新世界，就要大家对于这四种需要，都不可短少，一定要国家来担负这种责任"[①]。"民生主义要做到：少年的人有教育，壮年的人有职业，老年的人有养活，全国男女，无论老小，都可以享安乐。"[②]

1912 年 4 月 1 日，孙中山辞去临时大总统之职，但是并没有忘记国家对人民的责任。他在南京同盟会饯别会演讲中，"首次公开宣称政府应仿效西方国家、支用国民收入来担负起保护弱势民众生活的责任"[③]："国家岁用不足，是可忧的。收入有余而无所用之，亦是可虑的……设有不幸者，半途蹉跎，则五十以后，由国家给予养老金。此制英国亦以行之，人约年给七八百元。中国则可给数千元。如生子多，凡无力养之者，亦可由国家资养"[④]。同年 10 月，他在对中国社会党的演说中借用国外社会主义学者的观念，再次强调社会、国家对人民的责任："社会之人，为社会劳心劳力辛苦数十年……垂暮之年，社会当有供养之责。"他还预言了"大同之世"的美好情形。1919 年五四运动爆发，在上海的孙中山看到工人阶级力量的强大，在与戴季陶的谈话中强调"要图工人经济生活的安全幸福"[⑤]。他以德国俾斯麦政

---

① 《孙中山文集》，团结出版社，1997，第 273、286 页。

② 《孙中山文集》，团结出版社，1997，第 678 页。

③ 王娟：《孙中山社会保障思想与实践》，《华南师范大学学报》2005 年第 2 期。

④ 《孙中山全集》第 2 卷，中华书局，1982，第 323 页。

⑤ 《孙中山在说》，东方出版社，2004，第 102 页。

府的社会保险制度和美国福特汽车公司的员工福利为例，说明政府应改良工人的教育，保护工人卫生，改良工厂和机器，以提高生产效率。[1] 1920 年，他解释三民主义和美国大总统林肯所说的民有、民治、民享三层意思是完全相通的，"怎么样享受生活上幸福的道理，便叫做民生主义"。1924 年 1 月，国民党召开第一次全国代表大会，孙中山在亲自拟订的大会宣言中提出："（对农民）国家当给以土地，资其耕作，并为之整顿水利，移植荒徼，以均地力。……中国工人之生活绝无保障，国民党之主张，则以为工人之失业，国家当为之谋救济之道，尤当为其制定劳工法，以改良工人之生活。此外如养老之制、周恤疾废者之制、普及教育之制度，有相辅而行之性质者，皆为努力以求其实现，凡此皆民生主义所有事也。"[2]

三 "以国家实业所获之利，归之国民所享"，社会保障制度建立的经济基础是现代工农业的发达

如何实现国家对人民的养护之责呢？国家可以通过实行耕者有其田、平均都市地权的办法来获得所得税、遗产税、地价税和土地涨价归公的收入，这样国家就有强大的经济实力来举办社会福利事业，诸如教育卫生、医药保险、公众娱乐、儿童福利等，都可以在国家主导下进行。1912 年 10 月，孙中山在《中国之铁路计划与民生主义》一文中明确提出将国家收入的一部分用来兴办慈善事业："综合上述之各种收入（地价税、铁路收入、矿业收入），将供给国家政费之需要而有余，然后举其余额，以兴办教育及最要之慈善事业，如养老恩俸、

---

[1] 《孙中山文集》，团结出版社，1997，第 248、250 页。其中提到德国"工人的养老费和保险费，国家也有种种规定，要全国的资本家担任去实行"；福特汽车公司"并代全厂的工人保人寿保险，工人死亡之后，遗族可以得保险费，又可以得抚恤金"。

[2] 《孙中山全集》第 9 卷，中华书局，1986，第 121 页。

收养残疾跛瞎之人。"① 国民党一大对内政策确定"土地之税收，地价之增益，公地之生产，山林川泽之息，矿产水力之利，皆为地方政府之所有，用以经营地方人民之事业，及应育幼、济贫、救灾、卫生等各种公共之需要"②。因此，孙中山的社会保障设想是建立在实业发达的基础之上，"实业陆续发达，收益日多，则教育、养老、救济、治疗，及夫改良社会，励进文明，皆有实业发展之利益举办。以国家实业之利，归之国民所享"③。

从上述内容我们可以发现，孙中山以实现社会保障为国家之责，既有对人民现实生活中生计问题的关注，也有对社会保障的最高阶段——社会福利阶段满足人民物质和精神需要的设想。这一设想并不是建立在小农经济基础上的空想，而是以平均地权、节制资本为具体办法，以资本主义工农业的发达为物质基础，以"天下为公"的大同社会为最高理想的实践方案。相对于康有为的大同保障梦想，孙中山的社会保障思想无疑更具现实意义。孙中山曾亲笔书写《礼运·大同》的全文来激励国民党，民生主义成为国民党制定社会政策的指导思想和理论依据，对民国时期包括社会保险在内的社会保障建设有着深远的影响。"社会保险在我国，是实现民生主义的主要关键。"④

第四节　学术界的社会保险研究

"中国的传统不可能产生以西方传统为基础的福利国家。可以说，

---

① 《孙中山全集》第 2 卷，中华书局，1982，第 493 页。
② 《孙中山全集》第 9 卷，中华书局，1986，第 123 页。
③ 《孙中山全集》第 5 卷，中华书局，1985，第 135 页。
④ 祝寿康：《民生主义与社会保险》，民生主义经济学社，1943，第 114 页。

近代中国的福利国家思想，主要是从西方输入的，并非来自本身的历史经验。"① 源于西方的社会保险理念受到学术界的重视："社会保险是近世最有功效的一种社会政策，一方拯救社会上的不幸者——生老病死残废失业及鳏寡孤独无告之徒——出了水深火热的苦海，一方辅助法律道德政治教育和慈善事业种种的不及，保持全社会的安宁。"②学术界的社会保险研究是民国时期现代社会保险思想的重要内容。

1912 年 10 月的《生活杂志》刊登了罗甸的《劳动保险制》。《东方杂志》在 1918 年和 1919 年分别刊登了君实的《劳动者失业保险制度》和《劳动者疾病保险制度》两篇文章；1920 年又刊登了若愚的《德国劳工各种保险组织》一文，使近代中国人较早系统地了解了西方的社会保险制度。进入 20 年代后，社会保险研究性专著和译著增多（见表 2-1），社会保险思想的传播大为加快。

表 2-1　民国时期出版有关社会保险的书目举要

书　名	作　者	出版部门、时间	主要内容
失业人及贫民救济政策	马君武	上海：商务印书馆，1925 年 7 月初版	分失业人救济政策、工作介绍制度、工人保险制度（又名社会保险制度）、贫民救济政策四篇 12 章。
社会保障	国民政府财政部驻沪调查货价处	1928 年 5 月初版	译自美国康门司（J. R. Commons）和安地司（J. B. Andrews）合著的《劳工立法原则》一书的第 8 章，论述工业灾害、健康、养老、残疾、孤寡、失业等的保险问题。
健康保险计划书	卫生部编	1929 年出版	卫生部有关实行健康保险制度之计划。附各国实行健康保险沿革，各国健康保险制度之纲要等 4 种。
劳动保险法 ABC	李葆森	上海：ABC 丛书社，1931 年 5 月初版	内分伤害保险、疾病保险、寡妇和孤儿保险、健康保险、失业保险等 7 章。

---

① 梁其姿：《施善与教化——明清的慈善组织》，河北教育出版社，2001，第 6 页。
② 吴耀麟：《社会保险之理论与实际》，大东书局，1932，第 1 页。

续表

书　名	作　者	出版部门、时间	主要内容
社会保险要义	张法尧	上海：华通书局，1931 年 10 月初版	说明社会保险的概念、种类、历史、各国社会保险制度的概况等。卷首有章士钊等作序 3 篇及自序。卷末附法兰西修正社会保险的内容。
社会保险之理论与实际	吴耀麟著龚贤明校	上海：大东书局，1932 年 12 月初版	概述社会保险的原理、起源、种类、制度，各国社会保险制度及中国的救济制度。附广东建设厅劳动法起草委员会编撰的劳动保险草案。
劳动保险纲要	黄昌言	上海：华通书局，1933 年 5 月初版	总论劳动保险的定义、种类、实例等，分论各国的灾害保险、健康保险、老废保险、遗族保险、失业保险等。
劳动保险法原论	金禹范	上海：乐华图书公司，1935 年出版	内分总论、劳动保险之组织及经营、疾病保险、伤害保险、老废保险、失业保险、我国之劳动者救助及劳动保障 7 章。论述各国劳动保险立法原理、得失，我国当时各工厂之劳工救济方法等。卷首有马寅初序及自序。
社会保险	祝世康	上海：南京书店，1935 年 3 月初版	授课讲义。内分概论、社会保险之范围、保险支付、经济来源、财政制度、保险机关及社会保险之统一问题，共 7 章。卷首有作者序。
社会保险立法之趋势	任源远	上海彤学社，1936 年 9 月出版	阐述社会劳动保护制度与立法问题。包括概说、社会保险之制度、任意的社会保险制度与强制的社会保险制度之比较、强制的社会保险制度在各国现行社会保险法中之地位等 5 章。封面有居正题写书名，书前有章渊若的题词及陈振鹭序。
中国惠工事业	吴至信	上海：世界书局，1940 年 8 月初版	1937 年 3 月 10 日至 6 月 30 日著者对十个省 49 个工矿铁路职工福利事业作了调查。调查材料包括我国"惠工"事业的现状、组织、经费、人才、设施情况，以及休息日、例假、事、病、婚丧等假期的规定。卷首有陈达、程海峰的序及著者前言。
社会保险概论	陈煜堃	南京：南京经纬社，1942 年 12 月初版	分 8 章，概述保险事业之产生与利弊、种类与经营，探讨社会保险的基本效用、技术与财务等。附社会部拟定的社会保险法原则草案与社会保险方案草案。

续表

书 名	作 者	出版部门、时间	主要内容
社会保险	林良桐编	重庆：正中书局，1944 年初版	包括伤害保险、健康保险、老废保险、失业保险等 5 章。书前有编者写的导言。
社会保险法原则	社会部编	1948 年 10 月出版	包括保险宗旨、保险种类、被保险人之范围、保险给付、保险机构、保险法规等。附社会保险法原则说明书。
社会保险概述	社会部社会福利司编		概述社会保险法之意义、方针、法规、设施。
英国社会安全计划纲要	蔡之华译	重庆：交通银行总管理处	据 *The Beveridge Report in Brief* 一书译出，略有节删，包括绪论、社会保险之三大特殊问题、社会安全计划之预算、社会安全计划之诠释、社会安全与社会政策 5 章。书前有钱永铭、赵棣华的序各一篇。

资料来源：北京图书馆编《民国时期总书目（1911—1949）社会科学（总类部分）》，书目文献出版社，1995。

此外，南京国民政府建立初期，为贯彻其"节制资本，扶助农工"政策，对于劳工问题十分关注。财政部驻沪调查货价处曾经"搜集欧美日本各国劳工法令，及私人著述，若劳工立法问题，若劳工组合问题，若同盟罢工问题，若消费合作问题，若劳工保险问题，若工资工时问题，若仲裁问题，以及失业问题，住宅问题，都若干种。征集同志，从事迻译。其鸿篇巨制，间或断章取义，删繁就简，要以便于明体达用为主"[1]，计划出版劳工问题丛书共 36 本（见表 2-2）。截至 1928 年，前 10 本已公开出版。

---

[1] 《德国劳动协约法概观》，国民政府财政部驻沪调查货价处，1927，"序"。

表 2-2　国民政府财政部驻沪调查货价处劳工问题丛书书名

序号	书　名	序号	书　名
1	日本健康保险法令	2	日本职业介绍法令
3	日本工厂法令	4	日本劳动法令汇编
5	德国劳动协约法概观	6	英加拿大新西兰劳资争议调解及仲裁法
7	最低工资立法之要义	8	工厂安全与卫生
9	美国劳工统计局之沿革职务及组织	10	苏俄住宅问题概观
11	法国新职业组合法	12	苏俄瑞士德法团体契约立法例
13	加拿大劳工赔偿法	14	印刷业安全保障法
15	德国劳动争议调停法之研究	16	近世劳动法制之沿革
17	各国劳动运动概论	18	欧洲战后之住宅问题
19	劳资争议仲裁及调解之方法	20	劳资争议与政府
21	同盟罢工论	22	同盟罢业权论
23	关于制定劳动组合法之问题	24	欧洲各国劳动团体契约之发展
25	日本劳动组合法之评论	26	近世职业组合主义
27	劳动组合与生产效率	28	法定最低工资率之研究
29	劳动时间问题	30	工人健康问题
31	社会保险问题之研究	32	劳工行政问题
33	劳工立法之基础	34	德国工厂议会运动
35	失业问题	36	苏俄劳动法

资料来源:《德国劳动协约法概观》,国民政府财政部驻沪调查货价处 1927 年 11 月编印。

　　南京国民政府建立后,"节制资本""扶助劳工"是其国内政策的指导思想,并反映到学术界,各国解决劳工问题的政策受到关注,介绍国外社会保险的书籍较多,在 40 年代还出现了中国社会保险制度建设中的《社会保险法原则》,从一个侧面表明民国时期社会保险制度建设开始起步。

　　总的来说,较之晚清时期而言,民国时期对国外社会保险制度和理论的传播,不再流于走马观花的单纯观感,在研究性和学术性上都得到加强。

　　首先，对社会保险原理，包括其产生的原因、性质、种类、立法及历史沿革等都有研究性介绍。著者大多肯定社会保险是工业革命的产物，是政府为缓和劳资尖锐对立而实行的社会政策，其目的是保障劳工生活，促进生产并安定社会。"社会保险是用法律的强制，根据保险的原则，而预防和救济劳动者的危险的实施，以缓和阶级关系的冲突，一方面求劳动者生活的改善，一方面并维持生产力增加的效率。"① 社会保险的种类有疾病、老废、失业、生育、遗族保险等。社会保险制度有强制保险和任意（自由）保险两种，强制保险已经成为立法的趋势，"在二十世纪初，采用强制社会保险制度的国家，仅有数国。但是现在采用强制社会保险制度的国家，已达二十余国"②。张法尧留学法国巴黎大学，对法国社会保险制度非常关注。他将社会保险定义为"劳动者及其他所得微薄者在减少或丧失了劳动能力，又或丧失了劳动机会的时节，对于他们自身及其家族，填补其所蒙的损害，以除去经济生活的不安为目的之保险"，在社会保险的费用上，他认为被保险者、雇主和国家三者在社会连带关系下都有社会保险的义务，"国家在国家全体的安宁、卫生、保健的立脚点上，及在救济经济上弱者之人道的立脚点上，有把租税的一部，补助社会保险的义务"③。

　　其次，全面介绍各国社会保险制度的概况，包括其所实行的保险对象、保险种类、保险费、保险给付、保险管理机关等，注意各国社会保险立法。在《社会保险之理论与实际》一书中，作者简要介绍了德国、奥地利、法国、意大利、苏俄、英国、美国、日本的社会保险

---

① 吴耀麟：《社会保险之理论与实际》，大东书局，1932，第5页。
② 任源远：《社会保险立法之趋势》，上海彤学社，1936，第94页。
③ 张法尧：《社会保险要义》，华通书局，1931，第1～5页。

制度概况，使人们了解各国保险制度的同时，对各国社会保险制度的不同之处也留下了深刻印象。作者认为"法国的社会保险法，承认自由保险制度"；指出苏俄社会保险制度最大的特点在于"苏俄社会保险的经费，完全归雇主负担，被保险的一切雇佣者都没有保险费的负担"；感叹美国商业保险的发达，"美国依国家权力制定的强迫保险制度，虽则那样不发达，但是带有自由社会保险性质的保险制度却是存在的，营利会社中的社会保险经营，和外国比较起来，可称发达的国家"①。任源远专门探讨了这一问题，在《社会保险立法之趋势》一书中对各国现行社会保险立法中强制保险的地位给予了介绍和肯定。金禹范在《劳动保险法原论》中则从劳动保险组织、劳动保险种类的角度论述各国劳动保险立法的原理和得失。国民政府财政部驻沪货价调查处于1928年5月编印的《社会保险》一书则直接翻译美国《劳工立法原则》一书的第8章，介绍并论述西方工业灾害、健康、养老、残疾、孤寡、失业等的保险问题。张法尧在《社会保险要义》书后特别附有法国修正社会保险法的内容，"足知法国所以重视社会保险之一斑"②。

最后，明确了社会保险制度中国家的职责所在。晚清时期的知识分子常常将国外社会保险制度视为中国传统的"善政"，是统治阶级对人民的施舍。民国时期的社会保险思想中已经明确社会保险制度是国家对公民的职责所在。"劳动保险是什么呢？……国家或私人对于现代一般藉工资谋生的劳动阶级，因为偶然的事故减少或丧失劳动能力与劳动机会而生出经济上的损失，用以保险的方法来补偿劳动者。

---

① 吴耀麟：《社会保险之理论与实际》，大东书局，1932，第110、116、124页。
② 张法尧：《社会保险要义》，华通书局，1931，自序。

这叫做劳动保险制度。"① 陈煜堃强调社会保险制度保障国民从出生到死亡的安全，是"人类合理的要求，亦是最崇高的政治理想"，是"政府应有的措施，国民应有的享受"②。

在研究社会保险制度的基础上，结合中国的实际情况，学者们对中国社会保险制度建设进行了探讨。他们普遍肯定中国应实行强制性社会保险制度。"一般工资劳动者及其他收入低微的人，因为生活困苦，大多数是知识简单，教育落后，他们都不知道社会保险对于他们的益处，而且即使知道，也往往因受经济力量的限制，无力投保，所以办理时，似宜以强迫制度为原则。"③ 保险种类中，"伤害保险、疾病保险、老废保险、失业保险是不可少的，而首先应该设立起来"④。保险费用由政府、雇主和被保险人三方分担，"我国一般经济之薄弱，尤甚他国，为雇主者既多非丰裕之徒，而工人方面收入尤少，多不足以维持其生活，故保险费用，政府宜力与补之"⑤。保险给付可用现金给付和医药等必需品给付，吴耀麟主张以医药等必需品占给付较大部分以防止被保险人滥用保险金；陈煜堃则主张以现金给付为主，其金额要低于被保险者日常收入。关于保险机构，吴氏主张国家与私人共同办理，陈氏主张在中央设立社会保险行政机关，指导管理全国各地的保险组织，在工业发达的都市，可以依事业来设立保险组织；在工业不发达的地方，可以按地域来设立保险组织，由政府、雇主、被保险人三方代表组成。

吴至信根据其调查的中国工矿企业中劳工福利的情况，认为"惠

---

① 李葆森：《劳动保险法ABC》，上海ABC丛书社，1931，第3页。
② 陈煜堃：《社会保险概论》，南京经纬社，1942，第12页。
③ 陈煜堃：《社会保险概论》，南京经纬社，1942，第42页。
④ 吴耀麟：《社会保险之理论与实际》，大东书局，1932，第197页。
⑤ 陈稼轩：《劳工立法之社会保险问题》，《保险季刊》第1卷第3期。

工事业之最后目的，在谋工人生活安定，以增进生产效率，同时兼利于劳资双方，故非特营业有利时应该办理，在设厂之初，即须与开工生产之筹备并进"，"今日各厂矿惠工设施之较完善者，均经过多年之改善与扩充而成。故不务夸大，不求急功，有远大之计划，而择简易急需者入手，以徐谋扩增，然后可以减少阻力，易收宏效"[1]。无独有偶，社会学者陈达也主张社会保险制度建设应从简单易办的伤害保险开始。这一观点最终得到社会部主管社会保险的社会福利司司长谢征孚的认同："三年前此问题初次讨论时，陈先生即如此主张，余为反对最力者之一；近自美国归来，并细察国内社会状况，无条件投降陈先生。"[2] 从这一事例可以看到，学者们的研究不仅从理论上推动了中国社会保险思想的形成，而且对中国社会保险制度的建设产生直接的影响。

第五节　中国共产党的社会保险主张

民国时期，中国共产党和国民党是中国的两大政党，有着各自的主义和主张。中国共产党信奉共产主义，坚定地为在中国实现社会主义不懈奋斗。第一次国共合作时期，中国共产党发动工人和农民运动，为工农的政治权利和经济权利而斗争。此后无论是第一次国内革命战争时期、抗日战争时期还是解放战争时期，中国共产党都不曾放弃以劳动保险为标志的社会保险主张。

马克思列宁主义是中国共产党的指导思想，其社会保障理论也必

---

① 吴至信：《中国惠工事业》，李文海主编《民国时期社会调查丛编·社会保障卷》，福建教育出版社，2004，第134页。

② 陈达：《浪迹十年》，《民国丛书》第 3 编第 71 册，上海书店，1990，第 465 页。

然对中国共产党的社会保险思想产生影响。两次有效扣除学说和国家
保险说是马克思主义社会保障思想的理论渊源。

马克思在《哥达纲领批判》一文中，针对拉萨尔的"劳动所得应
当不折不扣和按照平等权利属于社会一切成员"，提出两次有效扣除
学说。马克思认为，为满足社会简单再生产和扩大再生产，需要从人
们集体劳动所得的社会总产品中扣除："第一，用来补偿消费掉的生
产资料部分。第二，用来扩大生产的追加部分。第三，用来应付不幸
事故、自然灾害等的后备基金或保险基金。"这是第一次扣除，其中
即包括马克思所主张的社会主义的国家保险或灾害预防及救助准备
金。剩下的总产品中的其他部分是用来作为消费资料的，在把这部分
进行个人分配之前，还得从里面扣除："第一，和生产没有直接关系
的一般管理费用，和现代社会比起来，这一部分将会立即极为显著地
缩减，并将随着新社会的发展而日益减少。第二，用来满足共同需要
的部分，如学校、保健设施等。和现代社会比起来，这一部分将会立
即显著增加，并将随着新社会的发展而日益增加。第三，为丧失劳动
能力的人等等设立的基金，总之，就是现在属于所谓官办济贫事业的
部分。"[①] 这是第二次扣除，其中即包括教育、医疗和劳动者的社会保
险基金。这一理论"被认为是包括了社会救助、社会保险和社会福利
及其设施这三个逐步递进的制度设想。也被作为社会主义乃至共产主
义社会建立国家保障型的社会福利制度的重要理论依据"[②]。

十月革命的胜利使俄国成为世界上第一个社会主义国家。马克思
的两次有效扣除思想在列宁那里被概括为"国家保险"，并在实践中
取得成功。列宁在1912年提出："最好的工人保险形式是工人的国家

---

① 《马克思恩格斯选集》第3卷，人民出版社，1972，第9～10页。
② 陈红霞编著《社会福利思想》，社会科学文献出版社，2002，第206～207页。

保险，这些保险是根据下列原则建立的：（一）工人在丧失劳动力的一切情况（伤残、疾病、年老、残疾；还有女工的怀孕和生育；供养人死亡后所遗寡妇和孤儿的抚恤）下，或在他们因失业而失去工资的情况下，国家保险都应给工人以保障；（二）保险应包括一切雇佣劳动者及其家属；（三）对一切被保险人都应按照偿付全部工资的原则给予补偿，同时一切保险费应由企业主和国家负担；（四）各种保险应由统一的保险组织办理，这种组织应按区域和按被保险人完全自行管理的原则建立。"① 列宁确立了国家应在社会保障的实施和管理中承担主要责任，而保险费用则应由企业与国家共同负担的原则。列宁将第一个社会主义国家的社会保险称为"国家保险"，以此区别于资本主义国家的社会保险。随着社会主义运动的发展，这一理论在社会主义国家影响极大。

建党之初，中国共产党就旗帜鲜明地宣布"共产主义者的目的，就是按照共产主义者的理想创造一个新社会"②。作为无产阶级的政党，中国共产党十分关注工人阶级，把领导工人阶级争取和实现社会保险作为其斗争的重要内容之一。1921 年 8 月，中国劳动组合书记部在上海成立，在中华全国总工会 1925 年 5 月成立以前，它是中国共产党公开领导工人运动的领导机关。从 1922 年至 1929 年，在劳动组合书记部和中华全国总工会的领导下召开了 5 次全国劳动大会，通过了一系列劳动决议案，主张实行社会保险。

1922 年 5 月，第一次直奉战争结束，曹锟、吴佩孚掌握了北京政权。6 月，陈炯明在广东叛变，取消孙中山为总统的军政府，南方国会议员无法立足。北京政府积极拉拢国会议员，准备召开国会制定宪

---

① 《列宁全集》第 21 卷，人民出版社，1990，第 155 页。
② 《中国共产党宣》（1920 年 11 月），《"一大"前后》（一），人民出版社，1980，第 2 页。

法以控制全国。借此时机，劳动组合书记部在广州召开了第一次全国劳动大会，号召全国工人阶级进行劳动立法斗争，要求北京政府颁行劳动法，实施社会保险。8月，劳动组合书记部拟定了《劳动立法原则》和《劳动法案大纲》两个立法纲要。在《劳动立法原则》中，中国劳动组合书记部首次提出了工人阶级要争取劳动立法和实行失业保险和疾病保险的理念。"失业救济和疾病保险等为吾人梦想所不及。……我等应参照西欧诸国之劳动法规，实现我劳动阶级之利益。"《劳动法案大纲》则提出了实行社会保险的基本主张和具体要求："对于需要体力之女子劳动者，产前产后均予以八星期之休假，其他女工，应予以五星期之休假；休假中工资照给"，"一切保障事业之订立，均应使劳动者参加之，俾可保障政府、公共及私人企业或机关中劳动者所受之损失；其保险费完全由雇主或国家负担之，不得使被保险者担负"；等等①。唐山铁路、矿山、纱厂和水泥厂等各厂矿的工会首先响应，他们联合成立了"唐山劳动立法大同盟"，组织示威游行，并通电全国，要求根据《劳动法大纲》，实行社会保险。郑州、长沙、武汉、天津等地工人纷纷响应劳动立法运动，要求实行社会保险。

第二次全国劳动大会于1925年5月1日在广州召开，大会通过的《经济斗争决议案》提出："应实行社会保险制度，使工人于工作伤亡时能得到赔偿，于病疾失业老年时能得到救济。"② 该次大会上正式成立中华全国总工会，中国劳动组合书记部的使命宣告结束。1926年5月1日，中华全国总工会在广州举行第三次全国劳动大会，

---

① 中华全国总工会中国职工运动史研究室编《中国工会历史文献（1921.1-1927.7）》，工人出版社，1958，第15页。

② 中华全国总工会中国职工运动史研究室编《中国历次全国劳动大会文献》，工人出版社，1957，第17页。

在通过的《劳动法案大纲决议案》中，再次重申要求政府设立社会保险，保险费由雇主或国库支付，等等；在《失业问题决议案》中指出"失业保险，是工人应有的权利"①。1927年6月19日至28日，在汉口召开第四次全国劳动大会。大会通过的《经济斗争决议案》中更明确更具体地提出："为了保障工人的生活条件，对不可避免的疾病、死伤、失业、衰老等，实行社会劳动保险。"② 大会还通过了一系列决议案，其中有关社会保险的规定更为具体。《救济失业工人决议案》拟定了相当全面的救济失业工人的内容；《产业工人经济斗争决议案》提出"企业要为工人设立诊疗医院"，"工人因病在三个月内不能工作时，仍照发工资"，"政府设立劳动保险局，由资本家每月缴纳工资总额百分之三为基金，此外政府从预算拨出若干，以充做工人失业救济及养老金"，"工人病死后，按照其工资的三倍发给家属作为抚恤金"，"年老残废者由劳动保险金，发给终身养老金"；《女工童工问题决议案》要求"女工童工疾病、伤亡、失业的抚恤，及其他一切待遇应与成年工人一律平等"③。大革命失败后，第五次劳动大会于1929年11月7日至11日在上海秘密召开，通过了《中华全国工人斗争纲领》。《纲领》提出："按照生活标准规定最低工资；最低工资必须足够维持工人的家室生活"，"工人或工人家属发生疾病伤害，应由资本家给以医药费，听其自由医愈为度；病假期间不得扣工资"，"因工作致死伤之工人，应给以优厚恤金"，并强烈要求政府"立即举办工人社会保险（失业、养老、疾病等保险）；所有费用应

---

① 中华全国总工会中国职工运动史研究室编《中国历次全国劳动大会文献》，工人出版社，1957，第113页。

② 中华全国总工会中国职工运动史研究室编《中国历次全国劳动大会文献》，工人出版社，1957，第211页。

③ 中华全国总工会中国职工运动史研究室编《中国历次全国劳动大会文献》，工人出版社，1957，第214~220页。

由资方与政府分担"①。

由上述内容我们可以发现，中国共产党建党之初就以实现共产主义为最高理想，其社会保险思想直接受马克思、列宁社会保障思想的影响，以无产阶级革命为动力，领导城市工人阶级直接争取包括疾病、伤残、失业待遇的社会保险的实现。这既是中国共产党领导工人运动的手段，又是工人运动奋斗的目标之一，是当时的社会条件下中国共产党的历史选择。当然，此时的中国共产党还处于幼年时期，有关社会保险的认识不免直接来源于国外劳动法典和工人运动的经验，相对于中国的生产力水平和经济条件来说，是难以实现的。例如，女工产前产后各给予8或6个星期的休假、工人每星期连续休息42小时等，这是当时掌握全国政权的北京政府也难以实现的。此一时期形成的社会保险由国家主办、保险费用由国家和雇主分担，保险项目以疾病、失业、养老、女工生育险为主的保险思想，对于中国共产党在土地革命时期、抗日战争时期和解放战争时期，根据不同的实际情况进行社会保险实践都具有指导意义，是中国共产党在新中国成立前的主要社会保险思想。

综上所述，民国时期社会保险思想及理论基础有两个来源，其一是中国传统社会思想中的荒政思想、大同社会理想、民本思想和互助思想。这一传统社会思想在康有为、孙中山那里得到继承和发扬，经孙中山三民主义之民生主义而成为民国时期中国国民党的社会政策的指导思想，成为社会保险的重要理论基础。另一个来源则是对欧美先进资本主义国家和苏联的社会保险制度的借鉴，尤其是在马克思、列宁思想指导之下的社会主义国家苏联的社会保险制度，成为中国共产党社会保险主张的理论基础。

---

① 中华全国总工会中国职工运动史研究室编《中国历次全国劳动大会文献》，工人出版社，1957，第228页。

第三章
社会保险立法

　　社会保险最终生成的重要指标，就是相关立法的出现，政府有相关的职能部门专司其职。民国时期社会保险立法经历了萌芽、草创和确立基本原则的三个阶段：20世纪20年代，北京政府的劳工立法中出现社会保险的内容，社会保险立法开始萌芽；南京国民政府建立后，曾在1929年和1932年制定了两部劳动保险法草案，社会保险立法步入草创阶段；40年代，国民政府通过了《社会保险法原则》，确立了社会保险立法的基本原则，社会部还拟订了健康保险、伤害保险及公务人员保险等各项社会保险单行法草案。在这一过程中，社会保险行政也逐步走向专门化。与此同时，中国共产党则在革命根据地进行了社会保险立法和行政，为新中国社会保险事业积累了经验。

第一节　社会保险立法的肇始

　　社会保险立法肇始于北京政府时期。为鼓励资本主义工商业的发展，北京政府颁行了不少经济法规，初步涉及劳动立法问题，有关社会保险的内容也随着劳动立法的进行开始出现，社会保险立法进入萌芽阶段。此时尚无专门的社会保险行政机构。农商部是进行劳动立法的主要部门，社会保险事务也在其职能管理之中。1914 年 1 月北京政府《农商部分科规则》规定，其所辖的总务厅劳工科执掌事务之一是"关于奖励劳工保险及储蓄事项"，工商司第四科执掌事务之一则为"关于保险、交易所及其他特种营业之核准及监督事项"①。

1914 年 3 月 11 日，北京政府以教令第 34 号公布《矿业条例》，其中专门订有"矿工"一章，第 76 条规定："矿工如因工作负伤，致罹疾病，或死亡时，矿业权者应给予医药抚恤等费。"这是中国历史上第一次在成文法规中加入保护劳工的条款，因此被视为"吾国保护劳动立法之始"②，也是劳工保险（社会保险）立法的肇始。其后，北京政府于 3 月 31 日又以教令第 41 号公布《矿业条例施行细则》，规定了对矿工给以医药抚恤的标准，即"一诊察费及疗养费；二疗养时不能工作，须按其日数给以工价三分之一以上之恤金；三葬费须在 10 元以上；四遗族抚恤费，按照死者 100 日以上之工价给予之；五废疾抚恤，按照废疾者 100 日以上之工价给予之。但对于包工之工人，第二款之工人，及第四、五款之抚恤费，须按照 30 日前日间所得之工价，平均计算每日应得之工价"③。

第一次世界大战结束后，中国为战胜国之一，成为国际劳工组织的会员国。1919 年第一届劳工大会召开，北京政府未能派代表参加，国际劳工组织曾建议中国通过制定工厂法来保护工人。中国共产党成

① 颜鹏飞主编《中国保险史志（1805～1949）》，上海社会科学院出版社，1989，第 148 页。
② 谢振民编著《中华民国立法史》（下册），中国政法大学出版社，2000，第 1097 页。
③ 王清彬等编《第一次中国劳动年鉴》第 3 编，北平社会调查部，1928，第 206～207 页。

立后开展劳动立法运动，在内外双重压力之下，北京政府农商部于 1923 年 3 月 29 日公布《暂行工厂通则》（共 28 条），其中规定：厂主应按照所办工厂情形，拟订抚恤规则、奖励金及养老金办法，呈请行政官署核准（第 17 条）；对因工作致伤病者，应负担其医药费，并不得扣除其伤病期内应得之工资（第 19 条）；厂主对于女工之产前产后，应各停止其工作 5 星期，并酌给以相当之扶助金（第 20 条）。同年 5 月 12 日，农商部公布《矿工待遇规则》（共 22 条），其中规定：矿工因工作受伤时，矿业权者应代为医治，负担费用，并不得扣除伤病期内应得之工资。因工作受伤，致成废疾者，应依下列之规定，给以抚恤费：终身失去其全体之工作能力者，须给予 2 年以上之工资；终身失去其部分之工作能力者，须给予 1 年以上之工资。因工作死亡者，须给予 50 元以上之葬费，并给予其遗族 2 年以上之工资。上述的抚恤规定中，虽然还没有出现劳动保险（社会保险）一词，但是已含有疾病、伤害、养老、生育保险方面的内容。从立法的意义上看，《暂行工厂通则》"为吾国保工政策的开宗明义的第一章……开我国劳工法规之先河"[1]。但是，《暂行工厂通则》受到不少质疑，其中不少来自驻华外交人员。有人认为"中国需要的是恢复秩序、保障生命财产安全、尊重个人自由"，中国尚未达到"借助立法来改进社会状况"的成长阶段，甚至还有人认为"《暂行工厂通则》看来是想给人以一种国家在进步的印象，实际上不过是徒有其名罢了"[2]。这些意见的背后，固然是他们对中国实际观察所得，也不乏对中国政府希望《暂行工厂通则》同样适用于租界的抵触情绪。

---

[1] 罗运炎：《中国劳工立法》，中华书局，1939，第 11 页。

[2] 刘明逵主编《中国近代工人阶级和工人运动》（第一册），中共中央党校出版社，2002，第 862、803 页。

1925 年"五卅"惨案发生后，社会各界强烈要求政府制定劳动法以保护工人，遂有农商部拟定的《工会条例草案》（共 25 条）的出台。该草案中正式出现了"劳动保险"的字样，如第 3 条关于工会职务就有"关于会员之储蓄、劳动保险事项"的规定；第 11 条规定："凡属工会之基金、劳动保险金及会员储蓄金等，均应存储于代理国库之银行。前项基金、保险金、储蓄金，于其所存储之银行破产时，得有要求优先偿还之权利。"① 交通部对该草案进行修订时，也保留了上述内容。但该草案并未获得通过。同年，北京政府交通部因其管辖的"路电邮航四政，所属职工具有特殊情形，与一般劳工不同，故劳工法案之编制不得不于暂行工厂通则以外另有特殊之规定"，制定了《国有铁路职工通则草案》。该草案第 9 条规定："为职工谋储蓄或保险，及其他一切利益，得于工资内酌量提取，代为保存，详细办法另定之"，第 26 条规定："职工因工作致病或致伤残死亡者应予相当治疗或给予抚恤金。"②

《暂行工厂通则》颁行后，"即以条文不完备，受中外人士指摘，又以罚则全然未订，大感实施监察之困难"③，北京政府农工部对其进行补充、修订，更名为《工厂条例》，于 1927 年 10 月 27 日公布。《工厂条例》分为总则、年龄、时间、休息、工资、待遇、契约、检查、学徒、证明、管理、罚则、诉愿、诉讼、附则共 15 章 50 条。其中，第 6 章第 20 条明确规定："厂主对于工人应为灾害保险，在工人保险条例未规定以前，厂主得查照抚恤条例办理，前项抚恤条例，另定之。"除此之外，还规定："厂主应拟订奖励金及养老金办法，呈请行

---

① 王清彬等编《第一次中国劳动年鉴》第 3 编，北平社会调查部，1928，第 245～246 页。
② 《中国政府关于交通四政劳工事务设施之状况》，那世宾印刷局，1925。
③ 王清彬等编《第一次中国劳动年鉴》第 3 编，北平社会调查部，1928，第 198 页。

政官署核准"；"工人遇有疾病，厂主应酌量情形，减少或停止工作，其因公致伤，或罹职业病者，应照第 20 条之规定办理"；"女工之产前产后，厂主应酌量情形，各给假四星期，并照给一月之工资，作为扶助金"（第 25 条）。① 1924 年 1 月 2 日，北京政府又颁行《农工部监察工厂规则》（共 27 条），规定由农工部派工厂监察官分驻国内各工业区，负责监察本国工厂及设在国内之外国工厂之有关劳工保护事宜。在监察官负责的 16 项监察事项中，即包括"关于预防失业事项""关于劳工救济及抚恤事项"和"关于劳工保险和储蓄事项"。这是中国实施工厂检查的第一个专门法规，赋予了工厂监察官较大的权力，被视为"国内比较进步之法规"②。

值得注意的是，北京政府劳动立法中，职工储蓄常常与劳动保险并列在一起，成为劳工保护的内容。《暂行工厂通则》第 15 条规定："为职工储蓄，或为职工各种利益起见，提存工资之一部分时，应得工人同意，并详拟办法，呈由行政官署核准。"其适用范围也扩及"平时使用工人在 100 人以上"的工厂。这是民国时期在中央政府劳工立法中首次出现的关于职工储蓄的条款。《矿工待遇规则》规定："矿业权者如经矿工同意，得设矿工储金处，以矿工所得每月工资 3％以下，为矿工储金，但其利息须较普通储金为优。"③

当时，还有一些管理制度较为完备的行业，如警察、交通、银行、海关等，订有储蓄规章作为职工的保障制度。如 1917 年内务部拟订的《警察储金试办办法》就规定，"凡在职警察官吏依本办法试办储蓄，但月给在十元以下者得自由储蓄；储金以月给二十分之一为率，但不

---

① 王清彬等编《第一次中国劳动年鉴》第 3 编，北平社会调查部，1928，第 200 页。
② 刘巨塈：《工厂检查概论》，商务印书馆，1934，第 101 页。
③ 王清彬等编《第一次中国劳动年鉴》第 3 编，北平社会调查部，1928，第 209 页。

满一角者依四舍五入法算定之"。支取储金的条件为"凡实行储蓄已
满三年者，经该管长官之许可，得取用储金三分之一，但有婚丧事故，
经该管长官查明者不在此限"；储金人死亡、告退、被开除时，储金
得随时交还之。^①该办法于 1918 年 1 月起在全国一律试办，取得了一
定的成效，如 1918 年底黑龙江省报称，该省业已实行，省会警察厅暨
讷河、肇州等 14 处警察所皆先后据报定期依法试办。1918 年 3 月 6
日，北京政府交通部还指令道清铁路局遵照执行《道清铁路员司储金
章程》，这是民国时期较早出现的一项职工储蓄规章。该章程规定，
按照员工工资多少实行强制性储蓄，"月薪二十元以上五十元以下者
每百元储金七元五角；月薪五十元以上一百元以下者每百元储金十
元；月薪一百元以上者每百元储金十二元五角；月薪不满二十元者如
自愿存储时每百元储金五元"。"路局应于发薪之日预将储款扣存汇送
银行列账"，平时不得无故提取，"路员储金满五年后准其提取三分之
一以内；路员辞职或免职时储金本利全数退还"^②。1925 年交通部曾拟
订《国有铁路职工储蓄规则草案》（未公布施行）。该草案规定国有铁
路服务之职工按法定比例缴纳储金，共分四个层级：工资在 30 元以下
者，月储 1%；工资在 30 ~ 40 元者，月储 2%；工资在 40 ~ 50 元者，
月储 3%；工资在 50 ~ 60 元者，月储 4%；工资在 60 元以上者，月储
5%。储金年息一分，半年一结；路局应提补助金，于每月发工资时连
同职工储金，同时划拨一并存储。^③

　　1922 年北京政府农商部曾计划核查汇编全国劳工失业保险组织资
料，并要求江苏等省调查本区劳工失业保险组织的情形。江苏省省长

---

① 蔡鸿源主编《民国法规集成》（第 14 册），黄山书社，1999，第 327 页。
② 蔡鸿源主编《民国法规集成》（第 29 册），黄山书社，1999，第 303 ~ 304 页。
③ 见王清彬等编《第一次中国劳动年鉴》第 3 编，北平社会调查部，1928，第 72 ~ 73 页。

韩国钧复函农商部："现在沪埠各项工业虽称发达，而关于此项组合，专为失业保险而设者，殊少闻见。虽其从前或现在工业界中或依事业之种类，各就其部分组成一种同业团体，如某业公所，某业公会，或某会社之类，察其旨趣，间有几许含有失业保险意味，然亦未尝明白规定，不能确认其为失业保险之一种组合。"[1] 连工业比较发达的苏沪地区也没有发现任何失业保险组织，更何谈广大的内地省份，农商部的这个计划根本无从开展。袁世凯之后的北京政府成为直、皖、奉军阀争权夺利的场所，内阁更换频仍，劳工保险及储蓄的实施当然也就谈不上了。

第二节　南京国民政府社会保险机构与法规

1927 年 4 月南京国民政府正式成立后，为实践其"扶助农工"的政策，开始进行以保护工人阶级为主要内容的劳动保险立法，1929 年拟订《劳动保险法草案》，1932 年拟订了《强制劳工保险法草案》，社会保险立法进入草创阶段。1943 年颁行《川北区各场盐工保险暂行办法》，并且进行了试点工作。1947 年 10 月，国民政府正式通过《社会保险法原则》，为将来单项社会保险立法确立了原则。在这一过程中，社会保险行政开始专门化。

一　南京国民政府的社会保险立法

南京国民政府社会保险立法的源头可以追溯到国民党南方政权时

---

[1] 《韩国钧关于调查苏省劳工失业保险组织情形并附苏州各行业劳工失业统计表复农商部咨》，中国第二历史档案馆编《中华民国史档案资料汇编》第 3 辑，江苏古籍出版社，1991，第 182～185 页。

期。孙中山非常重视产业工人在革命中的作用，1906年就曾派人到香港、广州的机器工人和运输工人中开展活动，组织工人团体。在1917年又提出推进工人运动的8项原则："扶植工会之组织；规定工时之标准；提议工资之增加；倡导工人之福利；培植工人之教育；培养政治之知识；确认劳资合作；罢工运动之协助。"① 1920年，孙中山重返广州，重建护法军政府，兼任军政府总裁和内政部长，明确提出"保护劳动""提倡工会""草定工厂法""监督各工厂"的施政方针。1921年，军政府委托戴季陶起草了《广东省工会法草案》，其主要内容是废止北京政府颁行的《暂行新刑律》第224条及《治安警察条例》，承认劳动者享有结社权、同盟罢工权、缔结团体契约权和进行国际联合的权利等。②

孙中山在国共第一次合作时提出了扶助农工的政策。他在改组后的国民党第一次全国代表大会宣言中指出："中国工人之生活绝无保障，国民党之主张，则以为工人之失业者，国家当为之谋救济之道，尤当为之制定劳工法，以改良工人之生活。此外如养老之制、育儿之制、周恤废疾者之制、普及教育之制，有相辅而行之性质者，皆当努力以求实现"，并将"制定劳工法，改良劳动者之生活状况，保障劳工团体，并扶助其发展"作为对内政策之一。③ 1926年1月，国民党"二大"通过《关于工人运动决议案》，提出改良工人状况的具体11项主张：制定劳动法；主张8小时工作制，禁止10小时以上的工作；制定最低工资；保护女工、童工，禁止14岁以下之儿

---

① 中国劳工运动史编纂委员会：《中国劳工运动史》第1编，台北：中国劳工福利社，1959，第100~101页。

② 饶东辉：《试论大革命时期国民党南方政权的劳动立法》，《华中师范大学学报》（哲社版）1997年第4期。

③ 荣孟源主编《中国国民党历次代表大会及中央全会资料》，光明日报出版社，1984，第18、22页。

童做工，女工在生育期内休息 60 天，并照给工资；改善工厂卫生，设置劳动保险；在法律上工人有集会、结社、言论、出版、罢工之绝对自由；取消包工制；例假休息照给工资；等等。① 虽然这些主张一时不可能实现，但是给工人阶级以极大的鼓舞。国民政府②进行的北伐战争得以顺利进行，和各地工农群众的积极响应和大力支持是分不开的。

北伐期间，国民革命军平定各地时，又因地制宜公布了一些临时性劳工立法。如 1926 年 11 月湖北政务委员会制订的《湖北临时工厂条例》，规定"女子产前后，需以六星期之休息，工资照付"，"凡工人在工作时间受伤者，工厂主须照给恤资，并给予医药费，受伤成残废者，工厂主需给终身工资；但工厂消减时，由政府付费。死亡者，除给予丧费外，并按照年龄之老少，需给予五年至十年之抚恤金。工人生疾病时，经医之诊断后，须给予半薪及医药费；但花柳病者不在此限。因病死亡者，应按其在工厂工作年限，给予抚恤金，其数目由工厂主及工会协定之"。1927 年蒋介石以国民革命军总司令名义公布《上海劳资调节条例》，规定："实行劳动保险及工人保障法，其条例由政府制定之"，"工人因工作受身体上之损害时，厂主须负责医治，并发给半数以上之工资"，"男女工人同工同酬，改良女工和童工之待遇。女工在生产前后休息六星期，工资照给。童工不得做过重的工作"。同年冯玉祥也公布了《陕甘区域内之临时劳动法》，规定："凡女工生育之前后，具免除义务劳动，停止雇佣劳动。其时间产前八个星期，产后八个星期，共十六个星期，仍保留其位置，并按时发原

---

① 荣孟源主编《中国国民党历次代表大会及中央全会资料》，光明日报出版社，1984，第128 页。
② 孙中山逝世后，1923 年在广州成立的大元帅府于 1925 年 7 月 1 日改组为国民政府。

薪"；"工人患病时，其工资由劳动保险所支给"；等等①。毫无疑问，当时这些规定皆含有疾病、生育、伤残保险等社会保险的内容。

南京国民政府建立后，社会保险立法正式进入了草创阶段。1927年7月9日，南京国民政府成立了以马超俊为主席的劳动法起草委员会，开始着手编制《劳动法典》。随后，该委员会先并入国民政府劳工局，后又并入法制局。马超俊调任广东省农工厅后，于1928年2月1日再次组织劳动法起草委员会，将之附设于建设厅。1929年1月，《劳动法典草案》初步编纂完成，分七编，凡二十一章，共八百六十三条，最后一编即为"劳动保险"，其中以伤害保险和疾病保险较为完整和成熟，而老废保险、失业保险等"则非当时所急需，或须经长期之调查，遂不得不暂付缺如"②，这就是民国时期"社会保险立法的先驱"③ ——《劳动保险草案》。

《劳动保险草案》的第一章为"伤害保险"，以"减免劳动者因执行业务而致死伤疾病时所受经济上之损害"为宗旨，共148条，包含总则、被保险人、保险给付、保险人、责任、危险率及危险预防、保险费、罚则、诉讼和附则；第二章为"疾病保险"，以"减免劳动者因疾病、分娩或死亡时所受经济上之损害为目的"，共116条，包含总则、被保险人、保险给付、保险人、保费之负担、罚则、诉讼、附则。④ 从内容上看，该草案实际上对伤害、疾病和生育三种社会保险项目进行了具体规定。

---

① 王清彬等编《第一次中国劳动年鉴》第3编，北平社会调查部，1928，第186～187、191、195页。

② 谢振民编著《中华民国立法史》（下），中国政法大学出版社，2000，第1064页。

③ 刘见祥：《我国社会保险政策与实践研究》，台湾私立文化大学博士学位论文，1991，第233页。

④ 《劳动保险草案》，参见吴耀麟《社会保险之理论与实际》，大东书局，1932，第201～261页。有关《劳动保险草案》内容均引用于此，不再一一注明。标点自加，书中大写数字未直接引用时改为阿拉伯数字。

（一）关于保险对象。该草案规定，从事工业、矿业、建筑业、陆上及内河之运输业的劳动者，符合"一、发动力非用人力兽力者；二、当时使用劳动者在20人以上者；三、事业之性质有危险者；四、事业之性质有害于卫生者"，即强制为伤害保险的对象。疾病保险的对象规定为"凡为工资工作之劳动者，除有特殊规定外，皆为强制被保险人"。同时，该草案还规定，强制保险范围外的事业主可以申请将其全部劳动者加入伤害保险，年劳动所得不满1500元之小事业主也可以申请加入。申请加入疾病保险的任意被保险人则包括：一年劳动所得不满1500元之小事业主；事业主之家族在其事业场工作而无契约和工资者；不为强制被保险人之员工及自由职业者其一年劳动所得不满1500元者；家庭之仆役及农林业之劳动者。任意被保险人的规定有助于扩大强制保险的范围。

（二）关于保险给付。草案将伤害保险给付界定为"医疗伤病津贴、残废年金、遗族年金和丧葬费"，疾病保险给付范围则界定在"疾病给付、分娩给付、丧葬费及家族扶助"等方面。给付标准具体规定如下。

1. 医疗伤病津贴。被保险人于受伤害后13个星期内之医药费由疾病保险负担（伤害者未加入疾病保险时，其医药费由伤害保险负担），保险期内，被保险人可以领取伤病津贴，自不能工作之日起至第4星期止，每日为日标准工资额的1/2；自第5星期起至第13星期止，每日为日标准工资额的2/3；伤害者如经过13个星期后尚未痊愈时，停止其伤病津贴，另给疗养费，并在不能工作期间发给残废年金。伤病津贴需每星期给予。

2. 残废年金。对于非有他人看护不能生活者，给予原有1年工资2/3以上至其全部；对于全部不能工作者，给予原有1年工资之2/3；

对于一部分不能工作者，给予其较原有工资所差额数之 1/2。伤害者因伤害之结果，非因自己怠惰而无工作时，得领取原有工资 1/2 之年金。对于不能工作之伤害者，除有浪费习惯者之外，经本人同意，保险社得给予一次损害赔偿金以代替年金。一次年金需每月给予。

3. 丧葬费和遗族年金。被保险人因伤害死亡时，保险社给予办理其丧葬事宜的遗族丧葬费为被保险人 1 年工资的 10%（不得少于 20 元），伤害者死亡后 1 星期内给予。其遗族得领取遗族年金；遗族年金合计不得超过死亡者 1 年工资的 3/5，领取顺序为：配偶者及子女；长亲；弟妹及孙。

4. 疾病给付。疾病给付包括疗养给付与疾病津贴两部分。疗养给付自被保险人生病之日起，给以包括诊察、药剂或治疗材料、手术、看护、病人之移送在内的现实疗养，如非所需，前三项 1 次费用以 20 元为限。还可在允许情况下以疗养费代替现实疗养，二者所需的金额标准相同。疗养给付不得超过 180 日。被保险人因疾病不能工作时则给予疾病津贴，被保险人在生病后第 4 日起若不能工作，即从不能工作之日起开始给付，金额为其日标准工资的 1/2。疾病津贴总计不得超过 180 天。

5. 分娩给付。被保险人可领取分娩费 20 元，并可在产前 4 星期、产后 6 星期不能工作期间内领取津贴，为其标准工资之 1/2，可依章程增至 2/3。在此期间不得领取疾病津贴。草案也规定，若被保险人加入保险不满 6 个月，则不得领取分娩津贴。若加入保险已满 3 个月，分娩费及接生、看护费用可以给付。而且，保险社对加入保险在 6 个月以上的被保险人规定优待条件："一、于分娩时无偿供给医生或接生妇；二、因妊娠不能工作时得领取妊娠津贴，妊娠津贴与产前津贴合计不得超过六星期。"

6. 家族扶助。扶助的主要情形有三种，一是家族发生疾病时给予治疗；二是妻分娩时供给医生或接生妇；三是配偶或子女死亡时给予丧葬费，但配偶之丧葬费不得超过被保险人丧葬费的 2/3，子女每一人之丧葬费不得超过 1/2。

（三）关于保险组织。该草案对设置保险组织规定得比较详细。主要有：保险社是劳动保险的基本组织，因区域过广不便管辖则设分社。保险社内设机构包括代表大会和理事会，代表大会由保险社社员之事业主或其代表人及被保险人双方各选出同数之代表组成；理事会由政府任命及由代表大会选出之人员组成，理事长由政府任命。保险社设立之前必须制定章程，规定保险社之名称及社址、保险给付之种类及范围、保险金率及其缴纳时期、预算、决算等事项。保险社由伤害保险社与疾病保险社组成，"伤害保险之保险人为政府、事业主及劳动者三方面合组之保险社"，"疾病保险之保险人为地方疾病保险社及事业疾病保险社"。必要时地方疾病保险社与伤害保险社可合并处理，内分伤害保险部和疾病保险部。

（四）关于保险经费。草案规定，保险经费包括事务费和保险金两部分。事务费用作保险社日常行政开支，于伤害保险社成立时向参加该社之各事业主征收；政府负担地方疾病保险社的事务费，每年给予事业疾病保险社事务费津贴 500 元。保险金则主要用于各项保险给付。伤害保险金全部来自加入伤害保险的被保险人所属的事业主，其数额由保险社根据各事业主雇佣的被保险人数、被保险人工资数额及事业之危险等级确定。保险金使用范围主要有六种："一、行政费及保险给付；二、准备金之设置；三、预付或偿还邮政局代支之保险给付；四、伤害预防；五、治疗所之设立；六、其他重要事项得主管官厅之许可者。"此外，事业主还须负担保险预备费和保险准备金。

疾病保险金由事业主及劳动者各负担一半，其计算方法以各被保险人之标准工资乘保险金率。保险金率除为充足给付之必要外，不得超过标准工资的4%或5%，若增至标准工资的6%仍不能充足正常给付时，其不足额在地方疾病保险社由政府负担，在事业疾病保险社由事业主负担。保险社收入不能供其必要支出及准备金时，须提高保险金率，有附加给付时先行减少或废除之；保险社收入超过其必要支出并其准备金已达法定额2倍时，须减低保险金率或增加保险给付。

（五）关于实施与监督。保险社以支付通知书的方式委托邮政局代行保险给付；各省邮政局向各该省保险社要求预付保险给付资金时，其金额及预付期由双方协定；保险社在每会计年度后，自接到邮政局请求偿还债务通知书之日起3个月内，须全部偿还邮政局垫款。保险给付领取权利人变更住所时须通知保险社及其原驻地邮政局。

对于保险社的给付行为，草案规定地方主管官厅为各该区域保险社监督人，有权任免保险社内政府所应任命之理事长及理事，认可保险社章程及其他法定事项，检查保险社内会计文件，惩戒或罢免有不正当行为之理事长及理事，议决保险社内之纠纷，检视保险社所设之治疗所并监督其他社务。

（六）关于保险罚则和诉讼。保险社如无正当理由不发给或不照数发给或屡不依期发给保险给付时，保险给付领取权利人可请求劳动法院判决、强制执行。事业主或其代理人故意或有重大过失导致发生伤害事故时，被伤害人或其遗族可以向劳动法院请求损害赔偿；被保险人或其家族故意或有犯罪行为导致发生伤害事故时，事业主或其代理人也可向劳动法院请求损害赔偿。

有学者认为《劳动法典草案》"远绍学者之理论，参照我国特有之习惯，准诸党义，考诸统计，折衷于劳动中心主义与资本中心主义之间，于不妨碍产业之发展或存在之限度内，予劳动者以相当之保障，即以促进劳资之协调"①。《劳动保险草案》的确体现了南京国民政府建立初期"节制资本""扶助农工"的主张。该草案首次确立了强制保险主义的立法宗旨，采取伤害保险费由雇主承担、疾病保险费由雇主和雇员共同负担的原则，并结合中国具体情况，对保险对象、保险金、保险给付、管理机构等做了具体规定，具有一定的可行性。立法院成立后，其下属的劳工法起草委员会决定采取单行法形式起草劳工法，《劳动法典草案》仅留作参考之用，《劳动保险草案》也就无以颁布实施了。但是，这是中国第一部较为完整的社会保险法律文本，标志着社会保险立法步入草创阶段，对南京国民政府以后的社会保险法的制定也起了重要的指导作用。

"中国现在还没有劳动保险法，但是工人的津贴和抚恤，工厂法上已经有约略的规定。"② 在《劳动保险草案》的基础上，南京国民政府于 1929 年 12 月 30 日正式颁布了第一部劳动保护法规——《工厂法》。该法第 45 条和第 46 条涉及劳动保险内容。第 45 条规定："在劳动保险法施行前，工人因执行职务而致伤病或死亡者，工厂应给其医药补助费及抚恤费……但工厂资本在五万元以下者，得呈请主管官署核减其给予数目。一、对于因伤病暂不能工作之工人，除承担其医药费外，每日给以平均工资三分之二之津贴，如经过六个月尚未痊愈，其每日津贴减至平均工资三分之一，但以一年为限。二、对于因伤病为残废之工人，永久失其全部或一部之工作能力者，给以残废津贴。其津贴以残废部分之轻重为标准，但至多不得超过三年之平均工资，至少不得低于一年之平均工资。三、对于死亡之工人，除给予五十元

---

① 谢振民编著《中华民国立法史》（下），中国政法大学出版社，2000，第 1063 页。
② 陶百川：《中国劳动法之理论与实际》，上海大东书局，1931，第 232 页。

之丧葬费外，应给予其遗族抚恤费三百元及两年之平均工资。"第46条规定："受领前条之抚恤费者，为工人之妻或夫，无妻或无夫，依左列顺序但工人有遗嘱时依其遗嘱：第一、子女，第二、父母，第三、孙，第四、同胞兄弟姊妹。"①

对此，当时有人就认为"此为我国劳工法中关于社会保险仅有之条文也"，"其条文之简单，其范围之狭隘，并不足为劳动保险法施行以前之救济，已甚明显"②。数年后仍有研究者指出，该法"所规定工人津贴抚恤，与劳工保险的理想距离还远，根本不能认为其效用足以代替劳工保险"③。《工厂法》的制定出台，其作用和效果可说影响极其有限。

1932年由实业部起草完成的《强制劳工保险法草案》，则将《劳动保险草案》推进了一大步，成为民国时期第一部社会保险单行法规。该法案共8章50条，主要包括以下几方面的内容④。

（一）关于保险对象。凡适用《工厂法》之工厂或适用《矿场法》之矿场，其受雇人均为强制伤害及疾病保险之被保险人；凡从事含危险性或有碍卫生工作之受雇人，经主管官署指定后亦得为被保险人，但不满1月之临时雇用人及年薪超过1200元之职员不在保险范围之内。

（二）保险种类。强制劳工保险分为伤害保险和疾病保险两种，"被保险人因伤致疾或疾病或分娩及因而死亡时依本法之规定给以医疗费、残废津贴、残废年金、养病津贴、分娩费、生产津贴、丧葬费、

---

① 陶百川：《中国劳动法之理论与实际》，上海大东书局，1931，第246~247页。
② 陈稼轩：《劳工立法之社会保险问题》，《保险季刊》第1卷第3期。
③ 陈国钧：《社会政策与社会立法》，台北：三民书局，1984，第324页。
④ 《强制劳工保险法草案》，见国民政府实业部年鉴编辑委员会编《二十一年中国劳动年鉴》第五编，1933，第133~138页。本章有关《强制劳动保险法草案》内容均引用于此，不再一一注明。标点自加，书中大写数字未直接引用时改为阿拉伯数字。

遗族恤金"。

（三）保险给付。保险给付分以下 3 种。

1. 伤病津贴或残废年金给付。暂时丧失工作能力者自受伤日起至复工日止每日给以工资 3/4；永久丧失工作能力一部分者给以 1 年以上 2 年以下之工资；永久丧失原任工作能力全部者给以 2 年以上 3 年以下之工资；永久丧失各种工作能力全部者按每年所得工资给以终身残废年金。

2. 遗族恤金给付。被保险人因伤死亡，给付标准为：有依赖被保险人维持生计之亲属 3 人以上者给以 2 年工资，2 人者给以 1 年工资，1 人者给以 8 个月工资。如被保险人因病或分娩致死亡，给付标准为：有依赖被保险人维持生计之亲属 3 人以上者给以 1 年之工资，2 人以上者给以 6 个月之工资，1 人者给以 4 个月之工资。

3. 养病津贴或生产津贴给付。养病津贴自生病第 4 日起至病愈日止每月给以工资 60%，如经过 6 个月尚未痊愈，其每月津贴得减至 40%，但以 1 年为限。按照《工厂法》第 37 条之规定，分娩期间工资照给。

（四）保险费。"国库及地方金库对于各保险社得酌与补助"，但保险费主要由被保险人和业主负担。具体规定是："伤害保险费由被保险人每月缴纳工资百分之一，业主担负百分之四"；"疾病保险费由被保险人每月缴纳工资百分之二，业主担负百分之三"。

（五）保险组织。法案规定，业主与受雇于各该事业被保险人合组保险社。保险社为非营利法人组织，应由业主拟订章程呈主管官署核转实业部备案。保险社要设理事会处理事务，由 4～10 人组成，半数由各业主互选，半数由被保险人互选，并由主管官署指派 1 人为常任理事。理事会的日常工作及财产状况还应在实业部、省市主管官署及县市政府的监督指导下进行。

《强制劳工保险法草案》沿用了《劳动保险草案》的主要内容，将疾病保险费分担比率由事业主及劳动者各负担一半，调整为事业主负担60%；伤害保险费则由业主完全承担调整为业主负担80%，更显合理一些。值得关注的是，该法案还明确规定：业主无正当理由拒绝实业部或省市主管官署或县市政府之命令，或至指定之限期尚不为保险社设立之声请者，处以500元以下罚金；国营、公营事业各机关如拒绝设立保险社，实业部应呈请行政院对其进行处理。《强制劳工保险法草案》是民国时期出现的第一部社会保险单行法规，处罚性条款的设立充分体现了该法案社会保险立法的强制性特点。相较于《暂行工厂条例》和《工厂法》，显然是一种进步。"二十一年度我国劳动界之实况如何？……就大体而言，劳动立法之进步，及其设施计划之周密，已显然指示我人以一新时期。"① 遗憾的是，该草案后虽经内政、交通、铁道、军政四部代表审查完毕，但最终未能颁行。究其原因，1942年社会部拟订《健康保险法》，追述前史时指出，《劳动保险草案》和《强制劳工保险法草案》未能颁行的最大原因在于"国家预算数额已经很膨胀，不能多予补助……实在不易举办"②。

1937年，南京国民政府公布了《训政时期约法》，进一步明确"国家应实行劳工保险制度"③。全面抗战爆发后，迁往重庆的国民政府设立社会部，隶属国民党中央执行委员会。1940年社会部改隶行政院，《社会部组织法》和《社会部各司分科规则》相继公布，社会部下设社会福利司专管社会福利事项，担负指导实施社会保险的职责，

---

① 国民政府实业部年鉴编辑委员会编《二十一年中国劳动年鉴》，1933，"序"，第1页。
② "健康保险法释义"（1942年），中国第二历史档案馆馆藏档案，档案号：十一－6437。
③ 秦孝仪：《中华民国社会发展史》（第3册），台北：近代中国出版社，1985，第1843页。

其下设第一科主管社会保险业务。至 1943 年，社会保险立法被再度提上议事日程。该科制定了《川北区各场盐工保险暂行办法》，指导川北三台等 10 个盐场的盐工保险工作。该办法可以称是民国时期"最早实行的一项社会保险立法"①。到 1944 年，社会部在整理前实业部起草的《强制劳工保险法草案》和前广东建设厅起草的《劳动保险草案》的基础上，拟定了《社会保险法原则草案》《社会保险方案草案》《健康保险法草案》及《伤害保险法草案》等。其中，《社会保险法原则草案》强调"社会保险以保障国民之经济生活，增进社会福利，实行三民主义为宗旨"，规定：保险种类分为健康、伤害、老废、失业四种；投保方式以强制为主，结合实情确定；保险行政管理机构为中央保险局；等等。②《社会保险方案草案》则对社会保险的目的、业务种类、机构设置、财务管理进行了详细规划，试列举如下。

（一）关于实施社会保险的目的。草案开宗明义，"本国社会保险之推行，一本近代社会立法之精神，由行政机关、业务机构、人民团体三方面通力合作，造成事理，分明脉络，贯通有计划有组织有系统的联立机制，使公平画一的条理，调剂社会经济的盈虚，以促成民生主义之实现，而达到'均无贫，和无寡，安无倾'之目的"③。

（二）关于业务种类。草案将社会保险分为伤害、疾病、生育、残废、养老、死亡、孤孀、失业 8 个种类。"凡因职业而受雇佣之人"，包括体力与非体力职工，或劳力与劳心者，或为自己工作者，

---

① 陈国钧：《社会政策与社会立法》，台北：三民书局有限公司，1984，第 325 页。该办法实行内容详见本书第 4 章第 6 节。
② 《社会保险法原则草案》，参见陈煜堃《社会保险概论》，南京经纬社，1946，"附录一"，第 43～44 页。
③ 《社会保险方案草案》，参见陈煜堃《社会保险概论》，南京经纬社，1946，"附录二"，第 44～52 页。有关《社会保险方案草案》内容均引用于此，不再一一注明。书中大写数字未直接引用时改为阿拉伯数字。

其收入不足以使其留有伤、老、病、死、失业等费用者，都为被保险人。被保险人投保分强制与任意两种方式，"制度以强制为本体，以任意为辅佐，得分别或合并行之"。"保险金之规定，以能维持国民适当生活为原则。"保险费以被保险人梯级标准报酬乘保险费率计算。保险费除依法律章则或契约，另有更优惠受雇人规定外，以由被保险人与雇主平均负担为原则。

（三）关于机构设置。社会保险管理机构分为保险金库与业务管理机构两类。保险金库的设置分三个部分：中央、省（市）、县（市）三级社会保险金库为各级政府经办社会保险的业务机构，主要办理各管辖范围内社会保险的再保险或转保险业务；按地域或行业设置的社会保险社（或社会保险合作社），经政府批准具体经办相应区域或行业内社会保险业务，并向有关保险金库转保险或再保险。同时，设中央、省（市）、县（市）三级社会保险监理会，由被保险人代表、雇主或事业主代表及政府代表于各同级保险金库所在地组成，负责监察保险财务、审查会计报表等事项。行政管理机构的设置是在中央为社会部，在省（市）则为社会处（或社会局），在县（市）由政府作为主管机关。社会部社会保险局及省（市）社会处的相应机关为具有管理职能的专设机关。此外，草案规定全国社会保险委员会为顾问机关，专司社会保险法案研讨等工作。

（四）关于财务管理。草案第49条规定，"社会保险之财务"应包括基金（政府发助或经筹募或捐助者）特别捐款、保险费准备金、经费及其他有关财务事项。保险金库之基金由国库支拨或由政府筹措。中央保险金库基金暂定为国币1万万元，创办之初先拨5000万元，其余列入国家预算分两年拨足；各省（市）保险金库基金至少为1000万元，并应根据各省（市）的保险范围予以增加。在出资比例上，地方大中央小。草案规定，各省（市）政府自筹不得少于额定基金的75%；各县（市）保险金库基金至少为国币100万元，各县（市）自筹不得少于额定基金的75%。保险社基金至少达到50万元，以自行醵认为原则。各地方社醵认基金不得少于额定基金的80%，凡业务区域内各种救济金、福利金、公益金，神会、祠堂、庙宇等底金均可作为筹款来源，还可向各有关事业主劝募；各事业社的基金，由各社有关事业组织筹措，或就各该事业组织原有救济福利金或公益金等提充，也可向有关事业主或雇主劝募，不足时得保证3年内醵认足额。国家拨助基金、筹募基金、特别捐款、保险费准备金及补助费或经费，均以分别保管为原则。

《社会保险方案草案》第一次将被保险人界定为"因职业受雇佣之人"，同时将公教人员等也纳入被保险人范围，与最初单一的劳工群体相比，社会保险的对象有所扩大，社会保险的作用相对突出，可以称为真正意义上的社会保险立法。

1945年5月，在中国国民党第六次全国代表大会上，通过了《民族保育政策纲领》《劳工政策纲领》《农民政策纲领》及《战后社会安全初步设施纲领》，统称"四大政策纲领"。其中《劳工政策纲领》和《战后社会安全初步设施纲领》都有办理社会保险的内容。《四大政策纲领及其实施办法》中，关于社会保险的筹办、创设及实施原则有明确规定。

　　一、社会部会同有关机关，积极筹办社会保险，应分期分区分业实施，第一期应办社会保险为职业伤害、老年、残废、死亡、疾病、生育及失业，应先以产业职工为主，公教人员次之，俟成效显著后，再图次第推广普及于国民全体。

二、初期创办社会保险，应谋奠定保障社会安全的始基，采用强制政策。凡符合被保险人规定者，应强制其加入。凡规定缴纳保险费者，应一律强制其缴纳。但关于制订保险费率以及保险给付，务求合理公允。关于预防保险事故的发生，所有安全及福利设施，尤应同时举办。

三、经常社会保险的实施，应力求下列原则的贯彻：

（一）政府认定社会保险为全体国民福利，保障社会永久安全的措施，应由中央主持办理，并力谋其业务的扩展与充实。

（二）社会保险的一切经费，应有切实保障，并依法管理使用。

（三）执行社会保险业务的人员应受专业训练，具专业精神与服务道德。①

1946 年国民政府还都南京后，于 11 月 18 日颁布《中央社会保险局筹备处组织章程》，1947 年初成立中央社会保险局筹备处，负责实行社会保险的筹备工作。该筹备处将《社会保险法原则草案》加以修订，"其中最重要者，为保险业务由中央社会保险局直接经营之一点"②。10 月，国民政府国务会议通过了《社会保险法原则》。

（一）保险宗旨：社会保险以保障国民之经济生活，增进社会福利，实行民生主义为宗旨。

（二）保险种类：1. 健康保险，包括一般疾病、负伤、死亡及生育保险；2. 伤害保险，包括业务上疾病、负伤及死亡保险；

---

① 《四大政策纲领及其实施办法》，社会部编印，1946，第 37～38 页。
② "社会部中央社会保险局筹备处人事卷"，中国第二历史档案馆馆藏档案，档案号：十一-6502。

3. 老年遗族保险；4. 失业保险。

（三）保险对象：1. 伤害保险，以工矿、交通、运输、建筑等业及易生职业伤害事业职工为主；2. 健康保险，以有正当职业而每年收入在一定金额以下的国民为主；3. 老年遗族及失业保险，以健康保险投保对象为主。

（四）保险方式：以强制加入保险为原则，但有特殊情形或每年收入超过一定金额以上者，应就各种保险性质，分别规定何者得任意加入保险，何者不负保险义务。

（五）保险费率：依照被保险人薪资厘定。伤害保险费由事业主负担，其他各业保险费由事业主及被保险人按适当比例分别规定；其无事业主强制被保险人及任意被保险人保险费，由本人负担；并均得由政府酌予补助。

（六）保险给付：分为伤害、健康、老年及遗族、失业四种给付。伤害保险包括伤病、残废、死亡三项及家庭补助，健康保险包括伤病、残废、死亡、生育四项给付及家庭补助，老年遗族保险及失业保险包括老年遗族给付及失业给付。

（七）保险机构：社会部设中央社会保险局，在各省市地方得设保险分局，或委托其他非营利机关办理；社会保险经营，得视实际情形，酌采事业单位或区域单位或两者兼用。

（八）保险基金：举办社会保险基金，应列入每年预算，由国库支付。

（九）保险法规：先制定社会保险法原则，根据原则，按社会保险种类，分别制定单行法。①

---

① 《社会保险法原则》，社会部编印，1948。

《社会保险法原则》是南京国民政府制定的社会保险法规草案中，唯一得以颁布的一部，关于保险种类、被保险人范围、保险费率、保险给付、保险机构及保险基金等重要问题都有详细规定，为将来社会保险单行法规的制定确立了原则，标志着社会保险立法进入一个新阶段。1947 年 12 月 25 日，国民政府宣布实施《中华民国宪法》，从国家的根本大法肯定"国家为谋社会福利，应实施社会保险制度"（第155 条），这是划时代的进步！"国民政府的社会保险立法是中国社会保障模式从传统向现代转型的重要枢纽。"①

商业人寿保险是社会保险的有效补充，民国时期简易人寿保险受到国家重视。1935 年 5 月 10 日，国民政府公布了《简易人寿保险法》，经修订后于 12 月 1 日起正式实施。修正后的《简易人寿保险法》共 38 条，主要内容为：交通部主管简易人寿保险事业，其他保险业不得经营；邮政储金汇业局作为简易人寿保险的中间机构，负责对被保险人给付保险金。该法对简易人寿保险的种类也进行了明确划分，即分为终身保险和定期保险。终身保险是被保险人死亡时给付保险金额；定期保险是契约满期时或未满期而被保险人死亡时给付。保险金额以国币 50 元至 500 元为限。被保险人必须在契约生效 2 年后死亡时领受全部保险金额；未满 1 年死亡的，领受全部保险费；逾期 1年而未满 2 年死亡的，领受半数保险费。抗日战争爆发后，国民政府迁都重庆，又制定了《国民寿险章程》《公务人员团体寿险简章》，1942 年将《简易人寿保险法》再次修订后公布。

此外，南京国民政府还于 1932 年 4 月 1 日公布《工人储蓄暂行办法》，对储蓄组织、储金种类、储金的交纳与保存、储金支取作了具

---

① 岳宗福、聂家华：《国民政府社会保险立法述论》，《山东农业大学学报》（社科版）2004年第 4 期。

体规定。工人储蓄由工厂或工会附设工人储蓄会办理，实行强制储蓄和自由储蓄两种：强制储蓄分工资为若干等级，依其等级在不妨害最低生活之范围内酌定储金数额，凡入会之工人均应如数储蓄；自由储蓄由工人自动储蓄，凡满 1 元者，均得存储并得自行指定用途。强制储蓄之储金由工厂于每月发给工资时会同管理委员进行核扣。储金存储工厂者应由该工厂严格担保，如遇工厂破产，则应先行将工人储金本利予以发还，不因工厂破产伤及储金安全。工厂依《工厂法》应给予工人之津贴及抚恤不得从工人储金内扣除，工人亦不得借口储蓄要求工厂增加工资。强制储金不得随意支取，但以下除外：本人婚嫁或子女婚嫁；直系亲属之丧葬费；家遭重大之灾变；本人之妻室生产；本人伤病甚重；本人失业或身故；本人所老不能工作。^① 该法案于同年 6 月 9 日修正并在全国颁行。后国民政府行政院对《工人储蓄暂行办法》进行重新修正，保留基本内容，于 1944 年 4 月 26 日正式颁布了《工厂工人储蓄办法》。从强制储蓄支取条件来看，其实际上成为一种集婚丧嫁娶、意外伤害、生老病死及失业等社会保险内容在内的经济保障形式。国民政府推崇的还是强制储蓄，其目的是寓保障于储蓄之中。

二　南京国民政府的社会保险行政机构

社会保险最初是为保障劳工阶层的生活而出现的，一般被称为劳工保险，40 年代后才通称为社会保险。在此前，社会保险行政的机关即为劳工行政的机关。1927 年初，国民政府由广州迁到武汉，增设劳工部，由工人领袖苏兆征任部长。宁汉合流后，南京国民政府于 1927

---

① 蔡鸿源主编《民国法规集成》（第 55 册），黄山书社，1999，第 463 ~ 464 页。

年 8 月公布《国民政府劳工局组织法》，成立劳工局。该局直属于国民政府，依法令掌理全国劳工行政事务，由马超俊任局长，下设总务、行政、统计三处及劳工法起草委员会。其中行政处掌理的职责之一便是"劳工卫生及劳动保险事项"。这是南京国民政府首次将社会保险列为政府的一项职责。后马氏因就任广东省农工厅厅长而辞去劳工局职务，国民政府也未派人继任。1928 年 2 月工商部设立后，劳工局并入该部法制室。3 月，在工商部增设劳工司。《国民政府工商部组织法》规定：工商部下设秘书处、工业司、劳工司；劳工司职责之一为"关于工人保险及劳工银行合作社之筹设事项"。5 月，《国民政府工商部分科规则》公布，规定劳工司益工科掌管"工人保险事项"。社会保险成为工商部劳工司的一种部门职能。1931 年 2 月，国民党政府将行政院下的农矿、工商二部合并为实业部，仍设劳工司，其下设监理科、保工科、益工科三科。益工科职责之一就是负责"关于工人保险及养老恤金事项"。自此，实业部分管社会保险事宜，其间起草了《强制劳工保险法草案》。抗日战争爆发后，实业部改为经济部，劳工司予以撤销，其工作由经济部工业司下设的劳工科接办。[①]

国民政府迁都重庆后，注意开展社会福利工作以增强抗战力量。当时，许多西方国家先后开始推行社会保险制度。蒋介石认为"三民主义社会政策及社会事业必须藉政府之令以求其实现"，指示"社会部可以改隶行政院"[②]。社会部原隶属国民党中央执行委员会，主管民众组训及社会运动，下设民众组训、社会运动、编审、总务四处及妇女、工商两委员会。1940 年 11 月 16 日，社会部正式改隶行政院，下

---

① 陈国钧：《我国劳工新课题》，台北：劳资关系协进会，1986，第 70 ~ 71 页。
② "国民大会关于社会部部分政绩报告"，中国第二历史档案馆馆藏档案，档案号：十一 - 2-2121。

设组织训练、社会福利、总务三司。经济部工业司下设的劳工科所掌理的工作也移到社会部下办理。社会部成立后，南京国民政府的社会行政走向专门化，逐渐建立起中央、省、县三级行政体系。以前各省社会事业行政由民政厅主管，各县则由县政府下设民治科负责。1942年，行政院公布《省社会处组织大纲》，规定各省在省政府下设社会处，不便设立社会处的各省则在省民政厅内设社会科。1946年，已有24省设社会处，4省设社会科，重庆、南京、北平等7个行政院直辖市设社会局。截至1948年，全国已成立社会处者共29省，各特别市均已设立社会局，各主要县市也都设立了社会科，地方社会福利行政体系才算建立起来。①

社会部社会福利司专管社会福利事项，其职责之一便是指导实施社会保险，由第一科掌管社会保险的规划、倡导实施、机关的设置及监督管理事宜。至此，社会保险走上了由专司专科管理的道路。1942年第一次全国社会行政会议在重庆召开，社会部提交大会的议案中曾就社会保险行政机构提议："（甲）于社会部之下设置中央社会保险局并请于三十二年度正式成立。（乙）在各省市地方视事之需要，逐渐分设社会保险局。"② 1944年，社会部社会福利司开始进行了川北盐场盐工保险的试点工作。

1945年5月，国民党在重庆召开第六次全国代表大会，将实施社会保险确定为战后社会政策之一，社会保险行政得以推进。还都南京后，行政院于1946年11月18日颁布《中央社会保险局筹备处组织章程》，规定其任务为："（一）社会保险业务方案实施章程拟定；

---

① 秦孝仪主编《中华民国社会发展史》（第4册），台北：近代中国出版社，1985，第1990页。

② 《第一次全国社会行政会议汇编》，社会部，1942年编印，第222页。湖北省档案馆馆藏档案，档案号：LS6-2-1512。

（二）社会保险业务基金筹划准备；（三）社会保险会计制度预算编制及有关保险计算设计；（四）社会保险人事制度设计及工作人员甄选训练与登记；（五）社会保险机构组设，设筹备委员七至十一人，其中一人为筹备主任，并得设顾问二人，由社会部聘国内外社会保险专家担任。"[①] 1947 年初成立中央社会保险局筹备处，包华国、徐柏园、陈克文、戴铭礼、吴承珞、施心雅、黄友郢、谢征孚、郑若谷、周光琦、谭冀圭为委员，包华国为筹备处主任（后由张永懋接任）。[②] 战后省、县两级社会处工作以救济工作为主，几乎没有社会保险工作内容。以湖北省社会处为例，该处于 1942 年 9 月成立，由省合作事业管理处改设，省民政厅、省赈济会归并而成。其下设 4 科，其中第三科掌理急赈及社会福利，战后其主要工作为"各项赈款物资之请领分发、报销及清理，各项救济设施之登记，考核及调查统计各种物资之评议、灾情调查及各县报灾请赈之答复"[③]。因此，社会保险行政工作主要集中在中央一级，由社会部社会福利司第一科及其后的中央社会保险局筹备处办理。其主要工作有，拟订《社会保险法原则草案》《伤害保险法草案》《健康保险法草案》及《公教人员保险法草案》；举办盐工保险；调查工厂伤亡抚恤情况；编译社会保险丛书，到 1948 年底，编译有《俾维里尔报告书》（即《贝弗里奇报告》）、《美国社会安全》《美国老年遗族保险概论》《美国失业保险概论》《南美各国社会保险法案提纲》《社会安全概要》《亚洲社会安全制度概论》及《英国社会保险法案释义》等书籍。[④]

---

① 陈国钧：《社会政策与社会立法》，台北：三民书局有限公司，1984，第 327 页。
② "社会部及直属单位组织章程"（1943～1947 年），中国第二历史档案馆馆藏档案，档案号：十一-2-2108。
③ 湖北省档案馆馆藏档案，档案号：LS6-2-1131、LS6-2-114。
④ 中国第二历史档案馆馆藏档案，档案号：十一-6015。

解放战争开始后，国民党节节败退。1949 年，国民政府精简机构，将社会部、地政部、卫生部等裁并于内政部，原社会部主管的业务，改由内政部分设社会、劳工二司负责。7 月 27 日，内政部训令中央社会保险局筹备处办理结束。①

社会部及中央社会保险局筹备处的成立，对社会保险事业的发展起了很大的推动作用。首先，部门领导和工作人员的专业化水平较高，大多具有相关专业的大学学历（见表 3-1），能够迅速开展工作。

表 3-1　1942 年社会部部分科长以上人员学历简表

姓　名	职　务	学　　历	年龄
谷正纲	部　长	德国柏林大学毕业	42
洪兰友	政务次长	上海震旦大学毕业	45
黄伯度	常务次长	日本早稻田大学法学士	53
李俊龙	参　事	美国哥伦比亚大学研究院毕业	36
陈　烈	总务司司长	法国里昂商科大学毕业	42
陆京士	组织训练司司长	上海法学院毕业	36
刘修如	组六科主任	大夏大学毕业	33
谢征孚	社会福利司司长	法国巴黎大学文科社会经济学博士	40
周光琦	福一科科长	日本京都商大经济学学士	33
张永懋	福二科科长	清华大学法学士	35
周泰京	福三科科长	日本东京法政大学	37
喻兆明	福四科科长	美国加利佛利亚大学职业教育硕士	41
高　迈	福五科科长	国立中央大学毕业	32
董广英	福六科科长	美国爱屋瓦大学硕士	35
贺衷寒	劳动局局长	莫斯科陆军大学毕业	43
汪　龙	统计长	巴黎大学统计学院毕业	38

资料来源：中国第二历史档案馆馆藏档案，档案号：十一-7188。

---

① 中国第二历史档案馆馆藏档案，档案号：十一-6503。

首先，社会部人员不乏学者从政者，燕京大学社会学系社会工作专业毕业生张鸿钧，曾先后担任社会部社会工作司及调查与计划司司长。第一科科长周光琦毕业于日本京都大学经济学专业，曾任浙江大学教授。社会部社会福利司司长谢征孚是毕业于法国巴黎大学文科社会经济学的博士，主管社会保险业务的第一科，其职员吴学峻、杨树培、陈煜堃等人亦为专业人士。中央社会保险局筹备处成立后，张永懋为主任，杨树培为组长，吴学峻为专员，陈煜堃、任和为组员，这样一支专业水平较高的工作队伍使社会保险的行政工作能够有效开展，顺利进行。川北盐场盐工保险能够在缺乏经验、人才、技术和经费的情况下顺利开展下去，和吴学峻等人的努力工作是分不开的。

其次，重视与社会学学者合作，资助高校社会学发展，培养社会保险工作人才。社会部成立后，社会部邀请社会学学者参加各种社会行政和计划会议，协助制定各项社会政策，先后确立了劳工、儿童福利、社会救济、合作事业、社会保险等政策；并制定了社会安全实施纲要。社会部曾多次给予清华大学社会学系和国情普查所经费补助。20世纪40年代初，陈达拟定了一份西南联合大学社会学系同社会部合作的计划，题目为《战后社会建设之初步研究》，包括人口品质、农民生活、市政工人生活、少数民族的社会生活等方面。研究工作自1943年1月起，计划三年完成，由社会部提供经费，由社会学系教师承担科研任务。具体工作分工如下：李景汉负责昆明市的研究，吴泽霖负责云南少数民族的研究，陈达负责选县社会行政的研究。陈达在昆明县、昆阳县及呈贡县的范围内，考察了社会行政与社会福利、农民生活、合作事业、劳工事业等问题，写出了一份462页的报告。1944年秋，教育部召开大学课程修订会议，批准在社会学系内增设社会行政组，主修社会学的本科生因此而增多。① 1944 年 8 月，清华大学经济系毕业的李志伟作为清华第 6 届公费留学生，赴美专门研习社会保险。② 同时，社会部还在 1944 年 4 月 18 日至 5 月 28 日的社会工作人员训练班培训社会保险人员 14 人③。

最后，注意加强对外交流及翻译工作。40 年代是社会保险制度迅速发展的时期，社会部积极参加国际会议，大量搜集并翻译国外社会保险制度资料。社会部中央保险局筹备处主任张永懋在 1948 年 8 月参加国际劳工组织社会安全通讯委员会会议时，将拟就的《伤害保险法草案》寄送给社会部聘请的英籍专家纽门、国际劳工局社会保险科科长史提克、美国劳工部劳工标准司司长康纳立、哥伦比亚大学社会保险学教授科普博士、法国劳工与社会安全局局长拉卢克、加拿大失业保险委员会委员长麦齐森等人，征询意见及建议。④ 1945 年 7 月，社会部转饬驻各国使馆代为搜集各国有关社会保险法规及资料以供参考。到 1948 年 11 月，已陆续收到 27 个国家的社会保险法规和资料，其中驻英大使馆送达英国社会保险法草案资料 6 种；波兰大使馆送达"波兰劳工及社会福利部关于社会保险法、强迫保险、疾病保险、残废保险及最近实施情形"的资料

---

① 阎明：《一门科学和一个时代——社会学在中国》，清华大学出版社，2004，第 222 页。
② 《清华大学史料选编》第 3 卷（上），清华大学出版社，1994，第 251 页。李志伟一到美国即决定去芝加哥大学攻读经济。见何柄棣《读史阅世六十年》，广西师范大学出版社，2005，第 216 页。此外，燕京大学政治学系、东吴大学法学院毕业的林永俣（林则徐的第五世裔），于 1946 年赴美国芝加哥大学攻读社会保障、社会保险、社会立法科目，于 1948 年底回国，"是中国第一个赴美学社会保障的人"。新中国成立后，因为种种原因，他所学专业并未用上。见朱勇、潘屹《林永俣——当代我国专门研读社会保障的第一人》，魏新武编著《社会保障世纪回眸》，中国社会科学出版社，2003，第 530～539 页。
③ "社会部一九四四年至一九四八年度工作进度检讨报告表"（1949 年），中国第二历史档案馆馆藏档案，档案号：十一-2-2118。
④ "伤害保险法草案"（1948 年 3～9 月），中国第二历史档案馆馆藏档案，档案号：十一-6505。

被认为"颇具参考价值"①。英国贝弗里奇的《贝弗里奇报告：社会保险和相关服务》公布后，社会部于 1945 年即编译出版。

第三节 革命根据地的社会保险条例

中国共产党是民国时期除国民党之外的唯一大党，在第一次国共合作失败后走上武装革命、建立革命根据地的道路，曾经建立苏维埃政权，拥有 19 块革命根据地。抗战爆发后，国共第二次合作，八路军和新四军创建了陕甘宁、晋察冀、鄂豫皖等抗日根据地，陕甘宁边区政府成为中国共产党领导抗战的指挥中心。中国共产党最终赢得了解放战争的胜利，建立了中华人民共和国。和中国共产党的革命实践相伴随，社会保险法规在革命根据地得以颁行。

土地革命时期，中国共产党创建了井冈山、湘鄂赣、鄂豫皖、左右江等多块革命根据地，成立中华苏维埃临时中央政府，为社会保险立法和实践奠定了政权基础。1931 年 11 月中央政府成立之前，已有根据地进行社会保险立法工作。1930 年 3 月，闽西第一次工农兵代表大会颁布《劳动法》，规定东家供给工人伤亡医药抚恤费，工人有监督资本之权，并具体规定了工人、商店工人、工厂作坊工人、自由手工业工人、运输工人、女工、童工、失业工人救济等问题。1930 年 5 月，李立三在上海秘密主持全国苏维埃区域代表大会，通过《劳动保护法》，包括工作时间、休息时间、工资、女工及未成年人、保障与抚恤、工会、社会保险、劳动监察事项及附则共 8 章 42 条。《劳动保护法解释书》指出："社会保险制度在中国根本没有成立过，这是中

---

① "社会部中央社会保险局筹备处关于搜集各国社会保险法规来往文书"（1945 年 12 月 ~ 1948 年），中国第二历史档案馆馆藏档案，档案号：十一-6507。

国工人生活水平线低落的重要证明，真正的社会保险的实施只有在苏维埃政权之下才能实行。"① 7 月，湖南临时苏维埃政府（李立三任主席）成立，通过《湖南省工农兵苏维埃政府暂行劳动法》，在《劳动保护法》的基础上，规定了劳动法的适用对象，称"凡出卖劳动力以维持生活之劳动者，无论其为公有机关或个人雇用之男女工人，均受本劳动法保护"。1931 年 8 月，湘鄂赣边区工农兵代表大会决定将湖南省工农兵苏维埃政府改为湘鄂赣省工农兵苏维埃政府，并以《湖南省工农兵苏维埃政府暂行劳动法》为基础，制定了《湘鄂赣省工农兵苏维埃政府劳动法》。② 该法共 9 章 68 条，强调"社会保险的目的，是从特别贮备的基金中拿出一部分付给工人，这笔钱不是从工人工资中拿出来的"，规定"所有被雇用的工人，都可以得到社会保险优恤"，"优恤的种类如下：（1）普通病；（2）失业；（3）残疾；（4）母亲与婴儿；（5）死葬；（6）生育；（7）房屋等"；"社会保险基金由雇主支付，不论他是国家、合作或私人，无论如何不由工人支付"，"雇主于应付工资之外，支付全部工资额百分之十至十五的特别基金，作为社会保险之用"；管理则"由劳工委员会经过他的社会保险局来进行"③。上述两法对《中华苏维埃共和国劳动法》的制定具有直接的借鉴作用。

1931 年 11 月，第一次中华苏维埃共和国工农兵代表大会通过《中华苏维埃共和国宪法大纲》，其中规定："中华苏维埃政权以彻底改善工人阶级的生活状况为目的，制定劳动法，宣布八小时工作制，

---

① 吴申元、郑温瑜：《中国保险史话》，经济管理出版社，1993，第 168 页。
② 张希坡编著《革命根据地的工运纲领和劳动立法史》，中国劳动出版社，1993，第 68～71 页。
③ 湖南省档案馆编《湘鄂赣革命根据地文献资料》（第 1 辑），人民出版社，1985，第 654～655 页。

规定最低限度的工资标准，创立社会保险制度与国家的失业津贴，并宣布工人有监督生产之权。"在宪法的指导下，以《劳动保护法》为基础拟订草案，最终以《湘鄂赣省工农兵苏维埃政府劳动法》为蓝本，并吸取各根据地的经验制定的《中华苏维埃共和国劳动法》（简称《劳动法》）获大会通过，于1932年1月1日开始实施。该法第十章为社会保险内容，规定：由雇主按全部工资额的10%～15%支付社会保险基金，被保险人不负担保险费。社会保险优恤用途包括免费医疗、失业津贴、残废及老弱优恤金、婴儿补助金、丧葬津贴及工人家属贫困补助金。① 由于缺乏经验和"左"倾路线影响，该《劳动法》在执行过程中没有照顾到雇主的利益，雇主因负担过重而破产，或干脆停业，导致生产得不到发展、失业人数增加，带来不利的政治影响。1933年4月修订后于10月15日颁布施行。新的《劳动法》中社会保险一章共计13条，内容包括以下四个方面。

（一）社会保险对象。社会保险对象包括一切受雇佣的劳动者，"不论他在国家企业或合作社企业、私人企业，以及在商店家庭内服务，不论他工作的性质及工作时间的久暂与给付工资的形式如何，均得施及之"，"关于农业工人、苦力、家庭工人与零工的社会保险，中央劳动部得制定特别章程实施之"。

（二）社会保险项目。包括：免费的医药帮助；暂时丧失劳动能力者付给津贴（如疾病、受伤、受隔离、怀孕及生产，以及服侍家中病人等）；失业时付给失业津贴；残废及衰老时，付给优恤金；生产、死亡、失踪时，付给其家属的补助金。

（三）保险金。社会保险基金由各企业、各机关、各商店及私人

---

① 张希坡编著《革命根据地的工运纲领和劳动立法史》，中国劳动出版社，1993，第74页。

雇主按照中央劳动部统一制定的标准支付，"保险金不得向被保险人征收，亦不得从被保险人的工资内扣除"。总的支付标准为"于给付工人职员工资之外，支付全部工资总数的百分之五至百分之二十的数目。在以上社会保险基金的幅度内，为了照顾雇主们的不同承受能力，中央劳动部规定百分比例表，对不同对象加以区别对待"。

（四）管理机构。社会保险基金的管理机构为中央劳动部直属的社会保险局，由中央政府统一立法、统一领导、统一经营管理。"雇主交纳社会保险金，但社会保险机关之管理与社会保险基金之用途，雇主不得过问"，"社会保险基金不得使用于其他与社会保险无关的用途"。①

新《劳动法》将社会保险金的征收比例由原来的10%～15%调整到5%～20%，降低了经济要求，具有一定的灵活性，有利于其执行。中央苏区政府劳动人民委员部（简称劳动部）在劳动保护局、失业工人介绍局之外增设社会保险局。1932年12月30日该局在江西瑞金叶坪成立，1933年4月迁往沙洲坝中央大礼堂对面约200米处，1934年7月迁往云石山牛路下新屋，同年10月随中央机关撤离瑞金。② 社会保险局成为社会保险的行政机构。③

在中央政府制定和修改劳动法的同时，其他革命根据地也开始制定有关社会保险的法规。如湖北黄安（今红安）县苏维埃政府1930年2月成立时设有劳工委员会，后又根据当时的工作需要，相继成立社会（失业）保险局、劳动介绍所、劳动检查所，统筹开展

---

① 中央档案馆编《中共中央文件选集》第7册，中共中央党校出版社，1991，第791页。

② 杨昌梯：《中华苏维埃时期的社会保险》，《中国社会保障》1997年第8期。

③ 江西"吉安民间收藏第一人"吴季良收藏有兴国县社会保险局的工作证。该工作证用红麻布制成，四周用手工缝制，保存完好，色泽鲜艳，上面印有党徽和持证人的姓名。《苏区社保局工作证惊现吉安》，大江网（http://jiangxibig5.jxnews.com.cn），2006年4月12日。

苏区的劳动和社会保障工作。社会保险局到各工厂和个体老板、雇主家里征收社会保险费，根据失业工人的家庭生活情况，发放一定数额的救济金。现在红安县文物局珍藏的黄安县苏维埃政府劳工委员会发布的征收社会保险费的文件《鄂豫皖省苏维埃政府劳工委员会通知第一号——为征收社会保险事》，规定了社会保险金征收办法和管理机构："（一）新成立之工厂，未开工之先，应按其呈报之全部资本抽百分之四作为保险费。（二）由雇主厂主手工老板富农以及苏维埃所创办的生产机关，抽缴百分之四作为社会保险费（以其发给工人的工资为比例）。（三）为保护贫农利益和与中农采取联盟起见，只从中农贫农雇主的经济中抽纳百分之一作为社会保险费（以其给予工人的工资为比例）。（四）为工作便利计，各级劳工委员会要将这项工作委托当地工会去做，要和当地工会讨论更妥当的办法，而督促工会将这些社会保险费收集交给县苏工会，再由县总工会交给县苏劳工委员会社会保险局。"该文告发布的时间是 1931 年 3 月 4 日，可能是迄今发现的我党领导下的人民政府最早发布的征收社会保险费并开展社会保障工作的文告。[1] 1933 年 4 月，川陕革命根据地通过的《川陕省总工会红五月工作计划决议案》中涉及失业保险问题，《川陕省苏维埃政府公粮条例》规定，以公粮的 2/10 作为社会保险基金发放给没有生产能力的孤寡老病者。[2] 1936 年斯诺在陕北考察吴起镇工厂，"做母亲的可以得到她们的一部分'社会保险'，那是从工资额中扣除 10% 加上政府同额津贴所得的一笔基金"[3]。

抗日战争时期，民族矛盾上升为主要矛盾，中国共产党领导的

---

① 叶重豪：《黄安县苏维埃政府社会保险局纪事》，《湖北档案》2002 年第 12 期。
② 吴申元、郑温瑜：《中国保险史话》，经济管理出版社，1993，第 131 页。
③ 〔美〕斯诺：《西行漫记》，董乐山译，外语教学与研究出版社，2005，第 418 页。

各抗日根据地社会保险立法即着眼于保护工人的利益，调动工人的抗日积极性；又要求工人遵守劳动纪律，使资本家有利可图，劳资双方共同发展生产、共同抗日。1941年3月，《中共中央劳动政策提纲（草案）》规定，关于工人疾病、死亡等情况，实行社会保险。社会保险基金，由厂方和政府各出一部分。社会保险之各项津贴、救济与抚恤，由各地依具体情况决定。政府应颁布工人伤亡之残废抚恤条例。各边区政府或工会因地制宜制定了社会保险条例（合同）、法令，以陕甘宁边区《战时工厂集体合同暂行准则》和晋冀鲁豫边区《劳工保护暂时条例》较为典型，此外还有1941年的《晋西北工厂劳动暂行条例》，1946年的《苏皖边区保护工人暂行条例》。陕甘宁边区总工会1940年通过的《战时工厂集体合同暂行准则》中，有关产业工人的具体待遇的条例共20条。1942年5月《陕甘宁边区战时公营工厂集体合同准则》又进行了补充修订：工人因病医治或住院者，医药费概由厂方负责。病假期间停发工资，由厂方酌量给以津贴。事假一律不发工资。工人因受重伤而不能工作，厂方除负责医药费外，应发给其原有工资直至病愈时为止，并由厂方酌给一定的保养费，但保养费最多不得超过1个月的工资额。工人因公受伤而致残废失去部分工作能力者，应分配至适当之轻便工作，保持其原有工资；失去全部工作能力者，除发给其半年之平均工资外，应照政府颁布之抚恤条例办理。工人因病死亡家属无力埋葬者，应由厂方负责埋葬，并根据家庭状况酌情给予抚恤金。工人因公死亡者，厂方除负责埋葬外，应按政府劳动保护条例给予抚恤金。1941年2月《晋冀鲁豫边区劳工保护暂时条例》规定：工人患有疾病经医生证明需要休息，其病期在1个月以内者，除工资照发外并由资方出医药费，但至多不得超过相当于2市斗小米之市价；工人因工作致残者，资方应酌情发给1个月至3个月的工资作为抚养金；工人因工作致死者，资方得给家属相当于4市斗小米之市价的埋葬费以及3至6个月工资作为抚恤金等。① 这一时期的劳动保险还有两个特点：一是针对某一部分人制定了一些办法，如1941年的《晋西北矿厂劳动暂行条例》；1941年冀中区总工会、农村合作社冀中总社制定的《关于各级社工厂职工待遇之共同决定》；1945年晋察冀边区行政委员会制定的《关于改正中小学教职员待遇标准的决定》；等等。二是把雇农视为工人，并单独作了规定，如1942年的《山东省改善雇工待遇暂行办法》，1944年的《苏中区改善农业雇工生活暂行条例草案》和晋察冀边区行政委员会制定的《关于保护农村雇工的决定》等，一般对病、伤、医，也有对生育、养老作了规定。②

解放战争时期，东北率先解放，成立了东北行政委员会。1948年8月，第六次全国劳动大会在哈尔滨召开。大会通过《中华全国总工会章程》，规定劳动保护部的职责是"管理并指导劳动保险事宜，审查劳动契约及各工会之福利工作，并协助政府进行工厂卫生及安全设备之检查"。大会在《关于中国职工运动当前任务的决议》中明确指出"在工厂集中的城市或条件具备的地方，可以创办劳动的社会保险"③，并就劳动保险和职工福利提出具体意见。为保护国营企业中工人与职工的健康，减轻战时困难，东北行政委员会劳动总局会同职工总会，拟定了《东北公营企业战时暂行劳动保险条例》，于1948年12月27日颁发，随后又发布了《东北公营企业战时暂行劳动保险条例试行细则》。《东北公营企业战时暂行劳动保险条例》共6章29条，其

① 张希坡编著《革命根据地的工运纲领和劳动立法史》，中国劳动出版社，1993，第342～343页。
② 《走马回顾我国社会保险的创建历程》，《中国社会保障》1994年第6期。
③ 《中国历次全国劳动大会文献》，工人出版社，1957，第412页。

主要内容有以下几方面。

（一）保险对象为一切公营企业有正式厂籍与固定工作岗位的职工。东北行政委员会劳动总局是当时劳动保险的最高管理机关，下属的东北职工总会负责劳动保险的各项具体事宜，东北职工总会的下属机构是各产业总的劳动保险委员会，各产业总的劳动保险委员会领导所属各企业的劳动保险委员会。另外，各企业职工会组织劳动保险金审核委员会，负责劳动保险基金的监督和审核事宜。

（二）劳动保险金的征集标准为各公营企业工资支出总额的3%，各公营企业劳动保险管理机关必须按月缴纳。劳动保险金必须专款专用，"存放时，应按实物存款办法，保证不因物价变动而影响其价值"。其保管和支付业务，由东北行政委员会劳动总局委托国家或地方银行代理。

（三）劳动保险项目。包括因公负伤残废与因公死亡之恤金，疾病及非因公伤残废医药补助金，职工及其直系亲属之丧葬补助金，有一定工龄的老年工人生活补助金和职工生儿育女补助金等。①

《东北公营企业战时暂行劳动保险条例》是新中国成立前，中国共产党颁布和实施的第一部较为完整和专门性的社会保险法规。尽管该条例主要参照苏联的社会保险条例拟定，结合我国的实际不够，以及有些规定也不够合理，但它毕竟以国家法令形式，保障了广大职工群众在生、老、病、死、伤、残时的生活来源和必要的费用支出，解决了前线将士的后顾之忧。该条例对于全国各解放区实施社会保险以及新中国成立后的社会保险制度的建立与发展，亦具有指导意义。

随着解放战争的胜利推进，解放区迅速扩大，天津、太原、石家

---

① 《东北公营企业战时暂行劳动保险条例》，见周发乎、颜鹏飞主编《中国保险法规暨章程大全（1865–1953）》，上海人民出版社，1992，第607～611页。

庄等重要城市解放后，不少地区和单位根据自身经济条件，参照《东北公营企业战时暂行劳动保险条例》制定了社会保险办法，如晋冀鲁豫边区军政军工处职工总会财经办事处于 1949 年 2 月 25 日颁发了《劳动保险暂行办法》，太原市军事管制委员会 1949 年 7 月 5 日开始实施的《太原市国营公营企业劳动保险暂行办法》，中国人民革命军事委员会铁道部 1949 年 8 月实施的《铁道部职工抚恤暂行办法》，华北人民政府 1949 年 9 月实施的《公共企业部兵工局职工劳动保险暂行办法》等。受政治、经济、社会各方因素的制约，当时的劳动保险都是分地区或行业实施的分散性很强的临时办法，水平很低。《劳动保险暂行办法》只规定了死亡、因残回家、疾病待遇，并且多是一次性按实物折价发给。如死亡抚恤金按工龄长短发给 100～2000 斤小米的折价（当时每斤小米约合现人民币 0.09～0.1 元）；因残回家者，按照残废等级发给 180～720 斤小米的折价，另按工龄长短发给 100～1500 斤小米的折价。只有工龄 25 年以上的老军工，才发给长期生活补助、少量货币津贴和衣被鞋袜。《太原市国营公营企业劳动保险暂行办法》和《铁道部职工抚恤暂行办法》只规定了当时急需的伤、残、死、医疗待遇，职工因病治疗超过 90 天的，即停发病假补助。前者规定女职工产假只有 45 天，后者则没有这项待遇。①

---

① 田春润：《解放区的劳动保险》，《中国社会保障》1994 年第 5 期。

第四章
艰难发展的社会保险实务

　　民国时期，社会保险实务随着中国初步工业化和城市化进程得以出现。20 世纪 20 年代，经过工人阶级的大力争取，少数工矿企业的管理章程中出现了工伤、疾病、养老等恤金给予的规定，还有企业向商业保险公司为员工投保人寿保险，以此作为员工的一种待遇，例如上海商务印书馆、先施公司等。这种团体寿险即含有一定的社会保险的因素。30 年代初期，国民政府为实践"扶助农工"的政策，颁布《工人储蓄暂行办法》，采取强制储蓄和自由储蓄两种方式，在全国工厂鼓励并推行工人储蓄，以此维护工人经济生活安定，工人储蓄有了较快的发展。1934 年，国民政府注意到简易人寿保险的社会保障性能，颁布了《简易人寿保险法》，使其成为由政府支持的国营事业，简易人寿保险得到迅速发展。在人寿保险发展的同时，也出现了上海人力车夫鉴于商业人寿保险收费过高而进行的互助保险。抗战期间，为安定后方工人生活，资源委员会所辖厂矿出现了员工保险，川北盐场盐工社会保险也在社会部的指导下开展起来。抗战胜利后，资源委员会采取对员工实行强制人寿保险的措施，中央信托局人寿保险处在举办公务员团体寿险时，针对物价波动的情况，举办物价指数团体寿险（保额随物价变动自动增减，被保险人不致因物价波动而蒙受损失），较受欢迎①。在东北解放区，中国共产党进行了东北国营企业劳动保险。

北京政府农商部 1922 年调查全国劳工失业保险组织的资料显示，连工业比较发达的苏沪地区也没有确切的失业保险组织。如果说这能从一个侧面反映当时社会保险实务的情况的话，那么到了 20 世纪 30 年代，社会保险实务已经开始办理并初见成效。然而很快到来的日本全面侵华战争使其受到较大影响，战争后期及战后的通货膨胀，更使简易人寿保险、强制储蓄难以为继；川北盐工保险则在低水平的保险给付下勉强维持，难以扩大。据吴至信 1937 年调查，35 个工厂中，有 6 个厂办有终身寿险。1944 年社会部对各厂矿举办职工福利的单位数量进行了统计，其中办有保险的分布如下：四川（14 家）、陕西（4家）、甘肃（2 家）、广西（15 家）、云南（2 家）、贵州（2 家）、上海（2 家）、重庆（13 家）②。而社会部 1946 年底的统计显示，办理保险的厂矿单位共有 68 家，分布在四川（13 家）、陕西（4 家）、甘肃（6 家）、广西（16 家）、云南（2 家）、贵州（4 家）、上海（2 家）、重庆（21 家）③。应该说，在内外战争不断、天灾频仍的民国时期，社会保险实务在动荡的环境中有了艰难的发展。

从社会保险实务发展的阶段来看，20 世纪 20 年代社会保险开始在

①　该局推行公务员团体寿险，"国内公私机关及工商团体先后参加者不下千余单位，如财政部中国兴业公司、汉口火柴厂等"。湖北省建设厅要求下属各厂投保，湖北省机械厂 1946年 6 月有 122 人投保生效，8 月参加者达 226 人。1947 年 5 月和 9 月，该厂 2 名投保职工病逝，保险金给付拖延。1947 年底，机械厂便以工业不振、职工生活不安、办理至为烦琐为由，停缴团体寿险。见武汉市档案馆馆藏档案，档案号：63-1-50。
②　《社会行政统计》，社会部统计处编印，1944，第 50 页。
③　《社会行政统计》，社会部统计处编印，1946，第 34 页。

厂矿企业中以疾病抚恤、养老恤金的面貌出现；30 年代则以简易人寿保险的形式为主，虽不离商业保险的性质，但仍具有一定的社会保险功能；40 年代出现了以川北盐场盐工保险和东北公营劳动保险为标志的、真正具有社会保险性质的实践。川北盐场盐工保险，由政府主导，强制盐工参加、雇主和盐工分担保险费，并以《川北区各场盐工保险暂行办法》为实行依据，因而被视为民国时期国民政府举办"劳工保险的嚆矢"①。从实施社会保险的主体而言，政府在社会保险实践中扮演的角色渐次加强。20 年代进行社会保险实践的，主要为开明的民族资本家。他们或出于科学的管理思想，或出于人道主义、慈善观念，对员工福利待遇进行了制度上的安排，其目的在于协调劳资关系，提高生产效率，从而获得最大利润。政府进行社会保险实践的根本目的则在于稳定社会，巩固政权。正因如此，40 年代政府在社会保险实践中的主体地位得以彰显，出现了真正由政府主办的川北盐工社会保险试点工作和中国共产党东北公营企业劳动保险实践，表明社会保险制度进入初创阶段。

囿于所获资料，本章主要对商务印书馆的员工福利、上海人力车夫互助保险、邮政储金汇业局简易人寿保险、资源委员会员工寿险及川北盐场盐工保险进行述论，尽量对每一个案的始末有一个完整的介绍，由此对民国时期社会保险的发展得以一窥全貌。强制储蓄是社会保险实务的体现，虽不成其为一个个案，出于行文方便，仍将其放在本章之内。

第一节 以福利形式出现的商务印书馆员工保险

商务印书馆是我国最早创办的现代出版机构，它于 1897 年在上海

---

① 陈云中：《保险学》，台北：五南图书出版公司，1985，第 581 页。

创办时，只是一个小型的印刷厂。1903 年张元济入股商务印书馆，建立了印刷所、编译所和发行所。此时正值清末教育改革之际，1904 年商务印书馆编印《最新国文教科书》，数月间风行全国。此后，商务印书馆以编印新式中小学教科书为主要业务，还出版各种中外文工具书、刊物和学术著作。1914 年资本增至 150 万元，职工达 750 人。1922 年，商务总馆职工有 3000 余人。1925 年，职工有 4000 余人，资本达 500 万元。1932 年"一·二八"事变之前，商务印书馆员工有 4500 人，其中职员 1000 人，工人 3500 人。工人中，机器工人占 80%，手工操作工人占 20%。另有各省分支馆员工 1000 余人。商务印书馆是民国时期我国最大的集编辑、印刷、发行为一体的出版企业，为中国的教育文化事业做出了突出贡献，与北京大学一起被誉为中国近代文化的双子星。

至 20 世纪 20 年代，已有德、英、苏、日等二十多个国家相继设立了疾病、伤残、老年等社会保险种类，社会保险制度进入初步发展时期。实践证明，社会保险在保护工人及其家属经济安全、缓解劳资对立方面颇有成效。中国对这一新生事物也随之发生兴趣。一方面，第一次世界大战赴欧参战的中国华工将国外工人争取社会保险待遇的经验带回国内，争取待遇改善成为 20 年代中国劳工运动的主要动因，迫使一些厂矿企业给予劳工一些类似社会保险的待遇，如伤残抚恤、死亡抚恤等。另一方面，中国民族资本主义在这一时期得到较快发展，一些开明的资本家通过出国考察，对欧美企业中社会保险制度的实施效果印象颇为深刻，认识到实行社会保险可以预防职业风险、保护工人安全从而提高生产效率，回国后往往加以仿效，从企业员工福利方面进行制度安排。此外，民族保险业的发展，尤其是商业人身保险的发展，能够为大城市中企业员工提供团体人寿保险的服务。这三方面的条件整合到一起，促使包括同人储蓄、人寿保险、疾病补助、女工产假津贴等社会保险实务的出现。中国出版业的翘楚——商务印书馆的员工福利即是代表。

任何一个大型现代企业的成功，和完善的管理制度是分不开的。在商务印书馆的管理中，较好的员工福利待遇是其不可或缺的一部分。商务印书馆的员工福利待遇主要包括以下内容。

退俸金。职工在公司已满 1 年，无重大过失，其退职出于公司之意，照在职时所得薪水 5% 支付；在职已满 5 年者照实得薪水 6.25% 支付；在职已满 10 年者照实得薪水 7.5% 支付，以后每满 5 年加 2.5%，但至多加至 15%。如所实得薪水未满 500 元者，按 8% 支付；未满 1000 元者，按 7% 支付；未满 2000 元者，按 6% 支付。满 60 岁以上者无重大过失，无论辞退还是辞职，满 10 年者照在职时所得薪水 10% 支付，以后每满 5 年加 2.5%，但至多加至 20%。

非因公死亡者有赙赠金。在职满 1 年以上而死亡者，赙赠金一次性支付，照在职时所得薪水 10% 支付；满 5 年以上者加 2.5%；嗣后每满 5 年加 2.5%，但至多加至 20%。如所实得薪水在 1000 元以下者，按 12% 支付；800 元以下者，每递减 200 元加 2% 支付；已给退职金者，不再给赙赠金。

因公死亡者赙赠金。照在职时所得薪水 20% 支付，至少不得在 1 年薪水之下。

因公伤残者而公司认为不能工作者，至多照在职时所得薪水一半按月支付，直至死亡，死后不给赙赠金；若总计所得不足赙赠金数目时则补齐。

因公受伤者，酌给医药费，治疗期间，月薪照支。

给予女工生育待遇。凡怀孕女工在临产前后两个月内，不准到厂工作，由厂方给予保产金 10 元，分两期支给。如愿入公司指定医院分娩者，公司负担其费用；不愿入医院者，公司给予津贴 5 元。如在休假期在他厂工作，应追回保产金、医院费用及津贴。[①]

疾病扶助金。1925 年公司规定每年提出银币 1 万元，定名为疾病扶助金，以此来帮助薪水在 100 元以下、病假较久的员工。经公司指定开具医生证明后，员工可按工资收入分三个级别领取（见表 4-1）。据 1931 年 8 月上海书业同业公会的调查，商务职工每月工资情况为：铅印部最高 91.4 元（银元，下同），最低 18.6 元；制锌、铜版部最高 105.8 元，最低 24.6 元；黑色石印部最高 66 元，最低 21.10 元。而截至 1928 年 12 月的 6 个月内，"上海 30 业男工平均每月实际收入为 21.33 元"[②]，按照这个平均收入来看，商务印书馆工人收入大多在此之上，仅铅印部最低收入与之相差近 3 元。以铅印部最低收入者 18.6 元的标准来计算，其最长 4 个月病假期内每月可得扶助金分别为 14.88 元、13.02 元、11.16 元和 9.3 元。据研究者调查，在 1929 年 6 月以前，上海杨树浦区 11 个工人家庭年医药费支出"每家自 1 元起至 30 元不等，平均 9.46 元。支出 30 元的一家，是因为有极重的病"[③]。如此对照看来，商务印书馆 3000 多名工人都可以享受到的疾病扶助金不但覆盖面较广，而且标准也较高。

---

① 参见吴耀麟《社会保险之理论与实际》，大东书局，1932，第 168～170 页。《早期商务印书馆的员工状况》，商务印书馆网（http://www.cp.com.cn），2008 年 2 月 14 日。
② 丁同力、周世述：《上海工厂工人之生活程度》，李文海主编《民国时期社会调查丛编·劳工生活卷》，福建教育出版社，2004，第 242 页。
③ 丁同力、周世述：《上海工厂工人之生活程度》，李文海主编《民国时期社会调查丛编·劳工生活卷》，福建教育出版社，2004，第 241 页。

表 4-1 商务印书馆员工疾病扶助金标准

工资等级	满 5 日以上在第一个月内	满第一个月以上在第二个月内	满第二个月以上在第三个月内	满第三个月以上在第四个月内	四个月以上
每月工资在 25 元以下	原有薪工 80%	原有薪工 70%	原有薪工 60%	原有薪工 50%	停给
每月工资在 25 元以上 50 元以下	原有薪工 70%	原有薪工 60%	原有薪工 50%	原有薪工 40%	停给
每月工资在 50 元以上 100 元以下	原有薪工 60%	原有薪工 50%	原有薪工 40%	原有薪工 30%	停给

资料来源：吴耀麟：《社会保险之理论与实际》，大东书局，1932，第 167～168 页。

员工寿险。商务的经营者对于保险的保障作用认识较早，民国初年，商务印书馆就曾设立承保范围包括股东和职工火险的内部保险公司。[1] 20 世纪 20 年代，商业人寿保险在上海发展较快，成为一种新型保障方法，其中团体寿险免体检、收费较低，商务印书馆很快采用了团体寿险的办法。1926 年是商务印书馆创建 30 周年，4 月的公司股东会议就决定自上一年度盈利中拿出 10 万元作为公司寿险基金，以常年一分计息存公司本部，基金所得利息，专为本公司代同人付人寿保险费。"凡公司总分支馆局同人，在职期内，无论职员工友学徒店司男女老幼，一律由本公司代向人寿保险公司投保寿险，每人保额二百元"，完全由公司支付。[2] 1932 年，日本在上海挑起"一·二八"事变，战争中商务印书馆遭到日军轰炸，经济损失惨重，商务印书馆取消了在华安合群保寿公司的 100 余万元的团体人寿保险。[3] 商务被难

---

[1] 汪家熔：《商务印书馆史及其他——汪家熔出版史研究文集》，中国书籍出版社，1998，第 39 页。

[2] 《商务印书馆同人人寿保险章程》民国十五年（1926）七月订定，周华孚、颜鹏飞主编《中国保险法规暨章程大全（1865-1953）》，上海人民出版社，1992，第 82 页。

[3] 杜恂诚：《近代中国的商业性社会保障——以华安合群保寿公司为中心的考察》，《历史研究》2004 年第 5 期。

后，管理处及总厂职工 3600 多人全体被解雇，1933 年复业前后再度聘用的只有 1000 余人。在这样的情形下，1933 年 4 月，商务印书馆将同人人寿保险规则进行了修改：保险支付金由原来全部由公司承担变更为"保费半数由本公司津贴，其余半数由被保险人自己认付"；保险对象不再是公司所有员工，"学生、学徒、女职工，及年龄在五十六岁以上之男职工，均不适用本规则"①。商务印书馆向友邦、泰山、四海三家保险公司订立不分红终身寿险合同。在馆工作满 1 年、55 岁以下的男性员工愿意投保者，可选择其中一家投保。保额按各员工 20 个月工薪定之，最高不过 4000 元，最低不少于 400 元。保险费由员工和公司各担负一半，员工所缴保费由工资内分 2 个月扣清，保险费标准见表 4-2。参保 3 年以后，员工在遭遇婚丧及重病之时，可凭保单抵押现金。离职以后，保费自负，公司不再津贴。

表 4-2　商务印书馆员工人寿保险费标准

年龄	保险费（每千元）	年龄	保险费（每千元）	年龄	保险费（每千元）	年龄	保险费（每千元）
21 岁	18. 05	22 岁	18. 41	23 岁	18. 8	24 岁	19. 2
25 岁	19. 63	26 岁	20. 07	27 岁	20. 55	28 岁	21. 04
29 岁	21. 57	30 岁	22. 12	31 岁	22. 71	32 岁	23. 33
33 岁	23. 99	34 岁	24. 69	35 岁	25. 43	36 岁	26. 21
37 岁	27. 04	38 岁	27. 93	39 岁	28. 87	40 岁	29. 87
41 岁	30. 93	42 岁	32. 07	43 岁	33. 28	44 岁	34. 58
45 岁	35. 97	46 岁	37. 45	47 岁	39. 04	48 岁	40. 74
49 岁	42. 56	50 岁	44. 51	51 岁	46. 59	52 岁	48. 83
53 岁	51. 22	54 岁	53. 78	55 岁	56. 52		

　　资料来源：转引自吴至信《中国惠工事业》，李文海主编《民国时期社会调查丛编·社会保障卷》，福建教育出版社，2004，第 210 页。

_____

① 《商务印书馆同人人寿保险暂行规则》，民国二十二年（1933）四月十五日公布，周华孚、颜鹏飞主编《中国保险法规暨章程大全（1865-1953）》，上海人民出版社，1992，第 358 页。

以最高保额 4000 元按照上述标准计算，一个 21 岁的青年工人所缴保费应为 36.1 元，一个 55 岁的老年工人所缴保费为 113.04 元。还是以 1931 年铅印部最低收入者 18.6 元来比较，这个保费相当于 21 岁的青年工人 2 个月工资收入，相当于 55 岁的老年工人 6 个月工资收入。但老年工人因为工作年资较长，工资收入当不会为最低，因此，商务印书馆员工终身人寿保险保费还是比较低廉的，适合于需要保障，但收入又不很高的、占职工多数的劳工群体。1936 年，参加投保的，总馆方面为 74%，分馆方面为 50%，各处分厂方面为 40%，平均下来占全体 60% 以上。[①] 遗憾的是，该人寿保险并没有强制执行，难免会有员工因为种种原因不参保，使其保障面不及全部。抗战期间，商务印书馆继续向泰山人寿保险公司投保同人人寿保险，[②] 但在战争环境下，参保人员必然不及从前人数多。

由上述内容可以看到，商务印书馆的员工福利实际上是对员工遭受疾病、伤残、老年、生育时给予的经济保障，具有社会保险的性质，在当时是难能可贵的。"这些措施，在本世纪 20 年代的中国工商业中尚不多见。这些，大都出自张菊生先生的倡议或者得到他的支持。"[③] 作为一家私营企业，商务印书馆的员工福利成为沪上典范，这和领导者的重视是分不开的。商务印书馆的董事张元济和总经理王云五都曾赴欧美考察，注意劳资关系的改善。张元济在 1910 年 3 月至 1911 年 1 月赴欧美考察教育、印刷、出版事业，在英国和德国停留时间最长。此时欧美工人运动风起云涌，执政党采取改良措施以缓解劳资对立的状况给张

---

① 陈士杰：《王云五先生在本会第一届年会演讲》，《保险季刊》第 1 卷第 2 期，第 188 页。

② 参见"商务印书馆同人投保泰山人寿保险公司寿险志愿书（1940 年）"，上海市档案馆馆藏档案，档案号：Q361-1-214 等。

③ 曹冲严：《张元济与商务印书馆》，《20 世纪上海文史资料文库》（6），上海书店出版社，1999，第 222 页。

元济留下深刻印象，"互助合作""同存共利"成为其对待商务劳资关系的指导思想。回国后，他陆续实行了一些福利措施，为商务印书馆的员工保险奠定了基础。1930年王云五正式就任商务印书馆总经理后即出国考察，先后游历和考察了日本、美国、英国、法国、瑞士、德国、比利时、荷兰、意大利九个经济发达国家，历时半年。回国后的第三天，他向董事会提交了《科学管理法计划》，其中即有改善劳资关系的要点。

同时，商务印书馆之所以能够给予员工较好的经济保障，在于其盈利丰厚，经济基础较强。民国初期，随着业务的兴盛，商务印书馆收益迅速增加，"现金多得没有办法，从1918年起到1922年，平均每年结存在银行里的存款达75万元"。[①] 丰厚的经济基础为商务员工提供了更好的福利待遇，自1920年起，商务印书馆每年在红利中提出5%作为酬恤基金以保障员工福利。商务印书馆成立30周年时，公司拿出10万元设立寿险基金，代全体员工投保人寿保险。相反，当企业遭受到困难时，福利待遇自然会被迫降低。"一·二八"事变发生后，商务印书馆损失惨重，资本只剩300万元，劳方无奈同意放弃82%的已积累的退休金和退职金，接受全体解雇。复业后又承受没有退休金和退职金，减少福利待遇和每年花红比例，还加倍工作。[②] 此时六十多岁的"开国元勋"杜亚泉服务商务将届三十年，照规矩可得的一二万元退俸金只能拿到17.8%，晚年生活无法安度。[③] 人寿保险则将学生、学徒尤其是女职工和56岁以上老年职工排除在外，既不符合社会保险的公平精神，相对于公司以前实行的全体员工人寿保险而言，更

[①] 《旧时出版社成功诸因素》，宋原放主编《中国出版史料：现代部分》（第1卷），山东教育出版社，2001，第369页。

[②] 汪家熔：《商务印书馆史及其他——汪家熔出版史研究文集》，中国书籍出版社，1998，第132页。

[③] 参见章锡琛《漫谈商务印书馆（选）》，宋原放主编《中国出版史料：近代部分》（第3卷），湖北教育出版社，2004，第101页。

是一个退步。这也从另一个侧面说明了社会保险在中国实践的脆弱性——来自经济基础的限制。

商务印书馆实施员工福利制度对于稳定劳资关系起到了较好的作用。1925 年五卅运动期间，在中共党员陈云的带领下，8 月 22 日至 23 日，商务印书馆三个印刷所、编译所和总务处职工相继罢工，总人数达 3000 多人。他们向资方提出了"工人有组织工会的权利、增加工人工资、不得无故开除工人和保障女工权益"等 13 项政治经济复工条件。中国学生联合会和上海学生联合会也向商务印书馆提出：馆方如不接受工人的合理条件，将号召全国学生停止使用商务印书馆出版的教科书，以示抗议。经过劳资双方谈判，资方被迫接受罢工工人提出的大部分复工条件，26 日工人胜利复工。9 月，商务印书馆基层工会成立，成为维护劳方利益的组织。此后，资方认识到改善劳资关系的重要，以后就比较注意改善职工待遇，协调劳资关系。1926 年 8 月商务印书馆创建 30 周年的庆祝大会上，工会、职工会庆贺的匾额上书"扬帆同舟"四字，说明劳资双方关系不错。张元济在大会发言中表示"公司近年经过二次变化，公司同人之合作精神渐渐发现"，乐观地指出"劳资之争，在西方尚未解决。不过西方不能解决之问题，难道不可在东方先行解决？解决之途径，不外诚意合作"①。尤其是在"一·二八"事变发生后，面对外敌侵略，商务劳资双方共同提出了"为国难而牺牲，为文化而奋斗"的口号，为恢复生产和经营进行了不懈努力，半年后即宣告复业。1936 年底，商务印书馆的出版物达4938 种，占全国总量的 52%，总资产已接近被毁之前的水平。1945

---

① 《张元济先生在商务印书馆成立 30 周年大会上的讲话》（1926 年 8 月 8 日），原载《商务印书馆工会史》第 61 页，1929 年 4 月商务印书馆排印本。转引自商务印书馆网站（http：//www.cp.com.cn）。

年王云五曾对陈达等人谈及商务印书馆雇主和劳工合作情况，认为
1932~1937 年劳工的福利最佳（比以前最佳的时期增加一倍）[①]。

第二节 上海人力车夫互助保险

在我国民间，曾有自发的经济互助组织如长生会、丧葬会、合会
等，入会会员在遭遇年老、死亡等意外情况时可以从会中得到经济补
偿。民国时期，随着新兴职业群体的出现，经济互助在下层劳动群体
中比较常见，也可以说是一种原始的保险形式。上海人力车夫互助保
险则是这种经济互助中具有社会保险色彩的一个事例。20 世纪 30 年
代的中国大城市里，人力车（又称黄包车）这种用人力挽拉、供人乘
坐的车辆还是主要的交通工具。上海、北京、汉口、南京、天津、青
岛这些城市中，人力车夫是人数颇多的一个劳动群体。他们大多由进
城的离村农民组成。1931 年、1935 年长江流域发生两次特大水灾，造
成农村灾民无数。加之受世界经济危机的影响，中国农村经济凋敝，
许多农民离开了赖以生存的土地，到他们不熟悉的城市谋生。农民大
多没有经过职业技能的培训，也没有创业的资金，只得靠出卖体力为
生。向人力车行租车、当人力车夫成为进城农民谋生的一种手段。人
力车夫靠每天拉车所得的微薄的收入养活自己和家人，一旦遭遇疾
病、死亡，家庭就会因失去经济来源迅速陷入困顿。穷困的生活和高
额的车租使车夫和车行老板发生尖锐矛盾，车夫常常以罢工进行抗
议。人力车夫问题成为重要的社会问题。

上海是中国最繁华的城市，这点尤其明显。"1937 年抗战以前，

---

① 陈达：《浪迹十年》，《民国丛书》第 3 编第 71 册，上海书店，1991，第 466 页。

上海市区有公共租界、法租界以及中国地界（南市、闸北等区）之别，共有黄包车约 10 万辆之多。其中，公共租界即现在黄浦、虹口等区为商贸繁荣区域，往返人多，黄包车数量最多时曾达 7 万余辆。"[1]上海市政当局和租界工部局为防范社会动荡、改善人力车夫的困苦状况，曾经试图以限制人力车的数量、减少车夫竞争来提高车夫收入。然而车商在利益受损后转而提高租车费用，导致人力车夫的严重不满，车夫进行抗议和罢工，最终不了了之。上海人力车夫的生活十分艰辛：

> 黄包车的平均收入，每月 12 元。他干这职业的平均寿命是五年半，于是他死去。
>
> 为了 12 块钱，他们要这样：一个月 30 次，工作日和礼拜天通通一道，从下午很早到很早的早晨，天天一样，拉到码头去，拉出码头，从南市到闸北，从徐家汇到百老汇，这里和那里，这边和那边，来来去去，慢步和急跑，跳跃和力曳，平均每分钟跑 130 码，一小时跑 10 启罗米突。肺部由于这种奔跑损坏了。他们还要充当摩托喇叭，但是汽车并不认识这信号。差不多随便哪一天，你都可以看到黄包车被撞翻的事件，每一次撞车，总是汽车夫跳下车子，殴打黄包车夫。过度的痨瘵、心脏病、肺痨病、危险和虐待是黄包车夫的命运。这样生活五年半，于是他死去。[2]

面对同样的处境，人力车夫往往寻求互助。1933 年，公共租界区内人力车夫发起组织了车夫救济会，进行自我救助，救济内容包括要求车商减

---

① 虞廷芳：《黄包车在上海》，《20 世纪上海文史资料文库》（9），上海书店出版社，1999，第 360~361 页。

② 〔德〕基希：《秘密的中国》，周立波译，东方出版中心，2001，第 42~43 页。

少车租、施药、施衣、车夫死亡救济、对老年车夫的失业救济等。该组织得到工部局的批准，却遭到车商暗中破坏，不得已于 11 月停止活动。

市政当局掌控着人力车经营牌照的发放权力，凭此收取的费用为数颇多，"就是在今日，在出租汽车、私人汽车、公共汽车、自动脚踏车和电车的时代，它每年也要替法租界挣 267966 两银子，替公共租界挣 337030 两银子"[1]。人力车夫的困苦生活引起社会关注，工部局也不希望看到人力车夫罢工，因此专门设立人力车管理委员会来专理一切事项，力求财政稳定，社会安定。1934 年底，人力车管理委员会又批准成立人力车夫互助会，以推动当时的车夫登记，使救济车夫有的放矢，并且阻止新车夫的产生。互助会经费来源于每日车租，由车主为人力车夫向指定银行每月每辆代交互助金国币 1.5 元。工部局根据银行收据发给车主执照。全部互助费由工部局统筹使用。1935 年 2 月 6 日又宣告成立人力车夫互助会总会，凡公共租界领有执照的公用人力车夫均为会员，人数达 3 万人之多。

人力车夫互助会总会以提倡福利为号召，设立单身车夫的宿舍、课室、礼堂、医疗设备和卫生室等，实际以单身车夫的宿舍最受欢迎。同时还举办死亡与残废保险，来缓和人力车夫对资方的不满情绪。人力车夫团体保险委员会最初准备将保险委托给商业保险公司办理，曾与泰山保险公司接洽。该公司不能确保"调查赔款手续能否于六小时内完成"；对于保费，又认为"保费已至廉无可廉，敝公司碍难再行降低"[2]。终因商业保险公司索价过高，该会决定成立保险委员会，自办保险，于 1936 年 5 月 1 日劳动节开始实行。全体会员为被保险人，

---

[1] 〔德〕基希：《秘密的中国》，周立波译，东方出版中心，2001，第 42 页。
[2] "泰山保险公司关于人力车夫团体保险事致人力车夫团体保险委员会（1935 年 11 月 22 日）"，上海市档案馆馆藏档案，档案号：Q362-1-100-60。

"受保险者，达四万一千余人，更为远东之冠"[①]。

人力车夫互助会保管委员会划拨国币 3 万元作为保险给付准备金。保险赔付规定每名车夫国币 40 元，其中赔全数者：（甲）因任何原因死亡者，唯触犯死刑者不在此列。（乙）因遭受意外危险或其他原因而致终身残废者。（子）失去双肢、双手、双足或一足、一手者。（丑）双目失明者。（寅）一目失明及一手或一足终身残废者。赔偿半数者：（甲）因遭受意外危险或其他原因而致终身残废者。（子）一目失明者。（丑）一手或一足终身残废者。[②] 到 1937 年 3 月，互助保险办理 11 个月后保险给付支出仅 1.9 万元。照此推算，则 1 年内保险赔款亦不过 2.2 万元，远低于商业保险费的支付。同时，车夫互助会的经费来源除了车商代缴互助费之外，还有工部局自车照捐下的拨款、车夫宿舍的租金以及不定期的捐款，因此保险赔款支付是有保证的。1936～1937 年度工部局拨款 103375.5 元、保险基金还增拨 5000 元，车主缴入 74920.5 元，捐款 158.39 元，宿舍租金 1505.71 元，加上利息等总收入 185076.66 元。[③] 该年度保险赔款支付 9797.44 元，仅占收入的 5%。因此，稳定、充足的经费使车夫互助保险自开办后能够坚持下去。此外，人力车夫互助委员会对保险赔付的严格管理是车夫保险工作顺利开展的基础。委员会下设保险部，聘请专家给予指导，有规定的理赔程序。以死亡赔款为例，死者亲属（按妻、子女、父母顺序）持会员执照、臂章到就近会所报告情况并填写申请书，邀车主充任保证人并填写保证书；无家属者可由工友、车主代为申请。调查员对申请保险赔款者进行调查属实后开具 30 元字条一张，交家属至总会

---

① 《车夫互助会创办车夫保险》，《保险界》1936 年第 2 卷第 22 期，第 3 页。
② 吴至信：《中国惠工事业》，李文海主编《民国时期社会调查丛编·社会保障卷》，福建教育出版社，2004，第 212 页。
③ "上海人力车夫互助会公务报告"，上海市档案馆馆藏档案，档案号：Q5-5-1380。

所领取。调查员将调查报告交总干事和委员会主席核准后再发余下 10 元。无家属者不给现款，一经查实后通知特约棺材铺照规定给予丧葬，不得超过 30 元。

车夫互助会有年度工作报告，据笔者所查阅到的 1936～1940 年四个年度的工作报告，能够部分显示车夫保险的办理情况（见表 4-3）。从车夫保险案件的种类来看，死亡案件始终多于残废案件，尤其以 1937～1938 年度为最多，达 508 件，该年度"经费收入较少而保险赔款独占总额收入四分之一弱"[1]。究其原因，战争中受流弹、炸弹致死为其一，因霍乱、伤寒等传染病致死为其二，恶劣的居住条件致病而死为其三。后二者则是历年车夫死亡的主要原因。在死亡保险案件中，不少是有家属的，40 元的保险赔付，暂可维持生活或用作经营小本生意的资本。有保险专家建议互助会对家属"代为设计规划，负责训练，使其经营技术熟练有为……可独立生活无虑冻馁"[2]。

表 4-3　上海人力车夫互助会保险办理情况

| 时　　间 | 保险案件数 | | | | | | | 保险赔款支付（单位：元） | | |
| | 死　亡 | | 残　废 | | | | | 死　亡 | 残废 | 总　计 |
	有家属者	无家属者	一目失明者	双目失明者	一足/手残废者	双足/手残废者	总计			
1936.8～1937.7	135	105	9	4	5	1	259	9317.44	480	9797.44
1937.8～1938.7	273	235	8	3	8	1	528	20123.70	480	20603.70
1938.8～1939.7	165	145	15	2	1	—	328	11065.40	400	11465.40
1939.8～1940.7	152	166	10	5	3	—	346	14553.00	520	15073.00

资料来源："上海人力车夫互助会公务报告"，上海市档案馆馆藏档案，档案号：Q5-5-1380。

---

[1]　"上海人力车夫互助会公务报告"，上海市档案馆馆藏档案，档案号：Q5-5-1380。

[2]　丁雪农：《对车夫保险工作之一建议》，"上海人力车夫互助会公务报告"，上海市档案馆馆藏档案，档案号：Q5-5-1380。

上海沦陷后，车夫互助会理事会迁往后方，但仍派有总干事管理会务。抗战期间，总干事经历数次变更，但是车夫保险业务仍然继续办理。1941 年 12 月 8 日日军进占上海租界，后来，上海市伪政权社会局接办车夫保险，"1943 年 8 月 1 日公共租界主权收回，人力车夫互助会已无踪迹可寻，巨额的互助金犹如泥牛入海，不知去向"①。

互助会在抗战胜利后即告复会。1945 年 8 月 1 日至 1946 年 7 月 31 日，互助会"每月收入约 14855 元，每月支出约 14940 元"②，简直入不敷出，工作大不如从前。"惟其服务与前稍异，举例如车夫死亡保险等业务皆已停办，现只诊疗所一处供为治病之处，然而车夫求治者实寥若星辰。"③ 上海市社会局惠工科接收了互助会，改为上海人力车夫互助会财产保管委员会，由上海市社会与公用两局、国民党上海市执行委员会和人力车业职业工会各派代表一人组成，每月每车征收互助金一万五十元④，继续举办包括互济、教育和生活服务性质的车夫福利事业。然而车商此时认为互助会费征收过高，常常拖欠会费不交，以示不满。互助会的工作开展当然大受影响，车夫普遍认为互助会"办事太慢，经济不够，工作较少"⑤。1946 年 7 月至 1947 年 3 月 15 日，该会互济工作仅办理残废救济案件 2 件、死亡救济案件 47 件。⑥到了 1947 年 10 月，因为缺乏经费，"一切福利几致停顿"⑦。到 1948

---

① 虞廷芳：《黄包车在上海》，《20 世纪上海文史资料文库》（9），上海书店出版社，1999，第 363～364 页。
② "上海人力车夫互助会公务报告"，上海市档案馆馆藏档案，档案号：Q5-5-1380。
③ "人力车商同业会理事会为援旧例派车商代表参加互助会共谋车夫福利由（1946 年 12 月 26 日）"，上海市档案馆馆藏档案，档案号：S170-1-29。
④ "上海市社会局训令（1945 年 11 月 27 日）"，上海市档案馆馆藏档案，档案号：S170-1-29。
⑤ 陈达：《我国抗日战争时期市镇工人生活》，中国劳动出版社，1993，第 676 页。
⑥ "上海人力车夫互助会之过去与现在（1947 年）"，上海市档案馆馆藏档案，档案号：Q5-5-1379。
⑦ 上海市档案馆馆藏档案，档案号：S170-1-29。

年 5 月，人力车夫互助会因为"经费无着，一切无法维持，迫不得已于本月底正式结束"①。

无可否认，上海人力车夫互助保险的实施动因在于租界工部局人力车管理委员会借此加强对人力车夫的管理。需要指出的是，上海人力车夫互助保险的保险费来自车夫每月缴纳的 1.5 元会费，实际上完全是由车夫自己保险自己。这种保险虽然在组织形式上颇接近于社会保险，但由于没有政府、雇主方面的介入、津贴，实际上只是员工的自我保险，算不上严格意义上的社会保险。但是，互助会成立后，为车夫也谋得一些利益（如限制车商任意抬高车租），在人力车夫充满风险的生活中，死亡和伤残保险多少能给予经济上的补助。"在中国劳动保险未能实施之前，雇主为工人的福利及工人本身为将来储蓄及不测事件发生的准备，团体保险也是一种很好的补救办法。"② 因此，人力车夫互助保险被视为"实开我国劳动保险之先声"③。因为其保险自理的形式，此后又被称为"在我国中先具有社会保险形式的保险组织"④。

第三节　邮政储金汇业局简易人寿保险

简易人寿保险是以简易方法办理的一种低额人寿保险。因其所收保险金额少、免检体格、合同条款内容简单，常常面向工资收入较低的劳工团体，又称"工业保险"。简易人寿保险首先产生于工业

---

① "为本会经费无着于本月底正式结束函请查照由（1948 年 5 月 29 日）"，上海市档案馆馆藏档案，档案号：S170-1-29。
② 骆传华：《今日中国之劳工问题》，上海青年协会印书局，1933，第 296 页。
③ 《车夫互助会创办车夫保险》，《保险界》1936 年第 2 卷第 22 期。
④ 陈煜堃：《社会保险概论》，南京经纬社，1946，第 23 页。

化最早的英国，日本的简易人寿保险却最为发达。明治维新后的日本全方位向西方学习，早在 1916 年便颁布《简易人寿保险法》，明确规定简易人寿保险由国家经营，不以营利为目的。10 月，日本即利用邮政机构办理简易人寿保险，并由邮政储金局负责监督、指挥。第一次世界大战后，随着日本工业的发展，工人队伍迅速壮大，简易人寿保险发展迅速。到 1935 年，日本已有 30% 以上人口参加该项保险，社会资金得到吸收、国民基本生活得到保障，社会效果十分明显。

以日本的邮政简易寿险的成功先例为借鉴，南京国民政府决定由交通部下属的邮政储金汇业总局专门办理简易人寿保险。1934 年 10 月，邮政储金汇业总局派保险处股长张明昕赴日考察简易人寿保险制度。对于中国实施简易寿险，张氏建议：由国家专营；为节省费用及普及简易寿险，由邮局承担业务；可借用日本之死亡率及保费率。[①] 1935 年 4 月 10 日，国民政府公布《简易人寿保险法》，决定人寿保险采取绝对国营主义，由邮政局兼办；不检查身体，保险金额自法币 50 至 500 元不等；视时间长短而规定其权力。8 月，国民政府公布《简易人寿保险章程》，对保险契约签订、变更，保费缴纳，保险金给付，团体契约等作了详细规定，其要点是：(1) 保费之缴纳以月付为原则；(2) 保费之征收，由保险局征收员至要保人家收费为原则；(3) 凡投保简易人寿保险者，须先决定保险费额然后推算保额；(4) 采用国民死亡表，作为推算保费的基础；(5) 团体契约须集合 15 人以上之被保险人，始得按九五折征收保险费。[②]

---

① 张明昕：《考察日本寿险报告》，邮政储金汇业总局，1935，第 74~75 页。
② 蔡鸿源主编《民国法规集成》（第 60 册），黄山书社，1999，第 125~129 页。

邮政储金汇业局保险处于 1935 年 12 月 1 日正式成立，交通部拨足 50 万元开办基金，各地管理局及一等邮局为指定办理机关，上海、南京、汉口邮政储金汇业局该月内相继开始办理简易人寿保险业务，交通部更在次年 1 月训令各机关员工一律投保简易寿险。由于有政府的立法规定，邮政储金汇业局 1936 年 1 月发布通告：简易人寿保险属交通部主营的国营事业，凡在 50～500 元之人寿保险，无论其为个人或团体契约，皆属于简易人寿保险之范围；凡属于简易人寿保险范围内之寿险，其他保险业者，无论已办未办，按照法令规定，均应由本局办理。① 在竞争上处于绝对优势，又有着成熟、系统的办理机构，还可以凭借行政资源开展业务，简易人寿保险发展比较顺利，范围推及浙江、江苏、江西、安徽、湖南、湖北、福建、广东等省。1936 年仅开办 1 年，承办保额达国币 386 万元，月收保费 2 万元，成立契约 17900 余件，投保人数为 2.35 万人，死亡人数为 191 人。到 1937 年底，有效契约达 41956 件，投保人数已达 5 万余人，承保金额达 545.1 万元。②

然而好景不长，简易人寿保险创办不到两年，受日本侵华战争的影响，因投保人员异常流动，失效的保险契约增加，有效契约件数和承保金额呈下降趋势。1939 年秋，保险处西迁昆明，后又迁往重庆办公，在四川、云南、贵州、甘肃等省开展业务，侧重于工厂团体保险，投保人数和保费才有所上升。1942 年 4 月，有效契约共仅 5.7 万件，保额仅为国币 890 万元；而保户之中国民党政府交通部所属员工，约占半数③。1943 年，抗战已进入相持阶段，后方经

① 颜鹏飞：《中国保险史志（1805–1949）》，上海社会科学院出版社，1989，第 301 页。

② 颜鹏飞：《中国保险史志（1805–1949）》，上海社会科学院出版社，1989，第 318、346 页。

③ 颜鹏飞：《中国保险史志（1805–1949）》，上海社会科学院出版社，1989，第 393 页。

济稳定，简易寿险再度进入发展较快时期。其间，最高保额由500元调整到2万元，并且增加了60岁养老保险险种。保险处将简易寿险视为与储蓄、汇兑并列的重点业务，在全国三等以上邮局全部开始办理，发动邮局人员"一人三契"运动，大力拓展业务。国民政府也积极宣传简易寿险，发动一户一人投保简易寿险运动，由重庆推广到全国。简易寿险发展迅猛，到1945年9月，有效契约约35万件，保险总额为12.6亿元，月收保费近900万元①。抗战胜利后，简易人寿保险并未迎来发展的大好时机，恰恰相反，简易寿险自此开始走向衰落（见表4-4），战后通货膨胀、货币不断贬值是主要原因。邮政储金汇业局贵阳分局1939年即开办简易人寿保险，分终身保险和定期保险两种。据统计，该局1947年11月共订寿险契约40333件，保险金额为797271.2万元，月保险收入为5076.8万元。按当时贵阳物价指数较1940年上升9234.4倍计算，分别相当于1940年的86.5万元及5510元。② 从契约数和投保人数来看，战后有所增加，实际经营效益却处于亏损状态。1947年9月，邮政储金汇业局简易寿险部门鉴于币值惨跌，民生日艰，致使寿险事业日渐式微，为撙节开支计，决定自9月起，暂时停开新保户。③ 战后简易寿险因经营亏损而停开新保户，尤其体现了商业人寿保险与社会保险的区别所在——以营利为目的。简易寿险自此进入停滞状态，直到新中国成立后由政府接收。

---

① 颜鹏飞：《中国保险史志（1805-1949）》，上海社会科学院出版社，1989，第424页。
② 胡问依：《抗战时期的贵州保险业》，中国人民政治协商会议西南地区文史资料协作会议编《抗战时期西南的金融》，西南师范大学出版社，1994，第463~464页。
③ 颜鹏飞：《中国保险史志（1805-1949）》，上海社会科学院出版社，1989，第451页。

表 4-4　邮政简易寿险业务发展状况统计

年　度	经办局数	有效契约件数	月保费（元）	保额（元）
1935 年 12 月	33	9874	10804.7	2082058.6
1936 年 12 月	285	17919	20951.1	3867187.0
1937 年 12 月	304	41958	36178.9	5451051.4
1938 年 12 月	304	37063	32271.5	4915512.5
1939 年 12 月	313	36974	31605.8	4297923.7
1940 年 12 月	313	43922	37048.8	5668909.5
1941 年 12 月	315	54769	49577.3	8190713.3
1942 年 12 月	347	61818	60887.5	9745618.9
1943 年 12 月	1920	86653	441217.6	61528652.0
1944 年 12 月	1900	186950	2030424.3	298066709.8
1945 年 8 月	1968	215689	3892693.7	632796162.0
1945 年 12 月	1968	229463	6053845.4	923929076.0
1946 年 12 月	2146	322322	18437924.0	2528495862.8
1947 年 12 月	2288	385000	60000000.0	9282000000.0
1948 年 2 月	2288	419000	64000000.0	—
1948 年 6 月	2288	93000	16000000.0	—

资料来源：转引自王庆德《民国年间中国邮政简易寿险述论》，《历史档案》2001 年第 1 期，第 109 页。

当时，因为简易人寿保险有国家立法保障，又是国营事业，收费低廉，"合适于劳工阶级，似可视为我国社会保险之先声"[1]。张明昕就认为简易寿险可"补偿人民因意外，疾病，残废等所受薪资之损失"，可"保障死者家庭之经济"，"为社会保险之一种"[2]。实际上，社会保险应由国家强制实行，雇员、雇主和政府各负担一部分保费。当时工厂工人每月最高收入不过 30 元，还得养活 5 口之家。手工工场

[1]　程海峰：《一九三六年之中国劳工界》，国际劳工局中国分局编印，第 20 页。
[2]　张明昕：《简易寿险与社会保险》，《保险季刊》1936 年第 1 卷第 2 期。

工人和苦力收入更低。若无雇主和国家的支持，他们很难加入简易寿险。1945 年统计数据显示，简易人寿保险开办 10 年来，投保人中公务员占 46.11%，商业职业者占 22.65%，最需要保险的工业职业者和自由职业者仅分别占 8.99% 和不到 1%[1]。由此可见，简易寿险还是与社会保险有相当区别，"系普通之储蓄性质，不得视之为纯粹之社会保险"[2]。有研究者指出："邮政简易寿险之所以能在连续巨额亏损的情况下维持到 1948 年，实际上在当时被当作政府的第二财政，被作为货币回笼、抑制通货膨胀的一种手段来发展，这是与国民政府推行的各种储蓄运动相呼应的。……由于当时储蓄机构的不足，而简易寿险又兼具储蓄融资功能，所以很快被邮政储金汇业局列为重要业务发展，国民政府对此也大为宣传、推广。它的储蓄融资职能被极大夸大，而其所应具有的寿险的社会保障职能却被忽视。……随着战后国民政府很快放弃了储蓄政策，从而实际上也就放弃了邮政简易寿险，后者的停滞也就不可避免了。"[3]

第四节　资源委员会员工寿险

资源委员会是国民政府时期最大的工矿企业集团。其前身是 1932 年 11 月成立的国防设计委员会，为不可避免的抗日战争进行军事、经济、资源等方面的调查工作，1934 年 4 月改名为资源委员会。1935 年后，资源委员会主要工作逐步过渡到重工业建设，抗战时期则主要在大后方经营与军事工业相关的钢铁、动力、机电、化工和特种矿产等

---

[1] 颜鹏飞：《中国保险史志（1805–1949）》，上海社会科学院出版社，1989，第 424 页。
[2] 吴至信：《中国劳工福利事业之现状》，《民族杂志》1936 年第 4 卷第 10 期。
[3] 王庆德：《民国年间中国邮政简易寿险述论》，《历史档案》2001 年第 1 期。

重工业领域，拥有发电厂 26 个，煤矿 19 个，石油矿 2 个，金矿 2 个，铁矿和铜铝锌矿 4 个，钨锑锡汞矿 10 个，冶炼厂 9 个，机械厂 7 个，电器厂 5 个，化工厂 37 个，其他企业 4 个，职工共 7 万余人。战后通过接收日伪产业而大大膨胀，到 1947 年，电力的 50%、石油的 100%、绝大多数有色金属、钢铁的 80% 都为资委会企业所有。①

资源委员会掌管国有现代工矿企业，建立初期就注意现代企业管理的方法，从人事管理的角度注重员工福利制度的建设。1937 年上半年，资源委员会曾聘请国际劳工局中国分局的吴至信"赴国内各大厂矿视察其实际情形，以便为该会设计惠工事业之参考"②。抗战爆发后，资源委员会后方工厂为安定工人尤其是技术工人，提高生产效率，注意工人福利设施。昆明电工器材厂 1938 年 12 月公布实施《电工器材厂工人保健金章程》，规定为"津贴染有疾病而不能工作之工人及分娩女工"而设立保健金，其来源于职工每月缴纳工资的千分之五，以及厂方每年津贴 1000 元；津贴的数额为"工资之七折"。这一制度被认为"实即为欧西各国'强制工人疾病保险制度'及'强制女工分娩制度'之和"③。1940 年，资源委员会公布《资源委员会各厂矿办理员工精神指导和福利工作大纲》，要求各单位提拨专款，举办员工福利事业，规定原则如下：（一）工作场所的安全；（二）工作场所的卫生；（三）员工食宿的便利；（四）员工日常生活品购置的便利；（五）员工医药卫生的便利；（六）员工补习教育的便利；（七）员工

---

① 全国政协文史资料研究委员会工商经济组编《回忆国民党政府资源委员会》，中国文史出版社，1988，第 5、118 页。
② 吴至信：《中国惠工事业》，李文海主编《民国时期社会调查丛编·社会保障卷》，福建教育出版社，2004，第 112 页。
③ "资源委员会黄开渌视察在滇各厂矿劳工状况的报告（1939 年 7 月）"，中国第二历史档案馆编《中华民国史档案资料汇编》第 5 辑第 2 编财政经济（二），江苏古籍出版社，1998，第 467 页。

子女教育的便利。1942 年 2 月又颁布《资源委员会附属机关员工福利工作实施标准》，通令全会遵照。要求各单位必须办理下列事项：（1）公共食堂；（2）员工宿舍；（3）代购物料或消费合作社；（4）医药设备。各单位斟酌举办事项：（1）团体保险；（2）储蓄；（3）贷款；（4）农场；（5）员工补助教育；（6）员工子弟教育；（7）员工家属生产事业。① 资源委员会还在 1942 年制定《资源委员会人事管理制度草案》，加强人事管理工作，对员工福利、退休、抚恤等有专章内容进行规定。该年 8 月，资源委员会制定了员工互助保险办法，要求本部及附属机关必须参加。参加保险的职员如有身亡，所有参加者缴纳 1 元保险费，从该月发放的薪津中扣缴，统一交资委会后发放给死者家属。10 月，参加保险单位有 89 个，投保人数达 1 万余人。当月死亡职员 10 人，每名死者家属领取保险金 10400 元。至 1943 年 1 月，参加单位增加至 97 个，参加职员人数约 10700 人，亡故职员经核定发给保险费者 23 人，机关共垫发保险费 233600 元。试行 1 年后，资委会明确要求各机关职员一律参保，还曾将保险按季度分为 4 期，每人所扣缴费用改为 2 元（后增至 3 元）。若保险费自死亡之日起 1 年内无家属领取，则充为保险储备金。②

抗战胜利后，资源委员会在接收过程中建立很多新单位，人员大为增加，生产单位近 1000 个，"本部及所属单位共有职员 32800 余人，其中有 40% 为大学或大专毕业的技术人员或管理人员，共有工人约 600000 余人，其中技术工人约 220000 人，占 1/3"③。"为谋保障员工安定生活并发扬互助精神"，1946 年 10 月 17 日，资源委员会颁行

---

① 《资源委员会法规汇编》，资源委员会印，1947，第 137、138 页。
② 参见薛毅《国民政府资源委员会研究》，社会科学文献出版社，2005，第 447～448 页。
③ 全国政协文史资料研究委员会工商经济组编《回忆国民党政府资源委员会》，中国文史出版社，1988，第 197 页。

《资源委员会员工寿险办法》，实行强制人寿保险，由资源委员会保险事务所办理业务。该办法规定资源委员会所有下属机关，无论独办或合办都得参加员工寿险；除未正式支薪及正式任用人员外，所有员工必须参加。新进员工到职次月 1 日加入保险；离职员工自离职之日起中止保险；因病假逾期、停职、留职停薪人员经申请批准后可继续参加保险，但不超过 6 个月期限。为使保险金之购买力不致因物价变易而受巨大影响，保险金和保险费均按照员工所得薪津（包括正薪、生活补助费基本数加成数、办公费、国营事业津贴、午膳补助费）总数逐日自动调整。为方便计算，员工薪津标准分为甲、乙、丙、丁、戊 5 级，其中职员为 3 个薪级，工人则分为技工和普通工两种。保险费每月收取，按照员工标准薪津计算，每百元职员交 5 角，危险厂矿工人交 8 角，非危险厂矿工人交 6 角，由员工和被保险机关各担负一半，每月由被保险机关核定各级员工标准薪津总数后电报总所备案。保险项目为死亡和意外伤害，除暂时残废外，保险金给付均按薪津标准一次性支付，死亡、半残废支付 4 个月薪津，意外伤亡和全残废支付 8 个月薪津；暂时残废自停薪之日至恢复工作能力，每月支付半个月薪津，但至多以 6 个月为限。填送要保书及名册一个月后生效。保险事务所所收保费除必要开支外，全作保险金准备金，支出过大时由保险事务所垫付，结算有盈余时归还，每年调整费率一次。[①]

资源委员会保险事务所是资源委员会组建的集团性"自保公司"，专门为本系统内部所属机关提供保险服务，承办火灾保险、水路空货物运输险、员工人事保险及各种财产损失保险，1943 年 7 月于重庆成立，1946 年 1 月迁回南京。除南京总所外，上海、台北、广州和华北

---

① "资源委员会员工寿险办法（1947 年 10 月 17 日）"，湖北省档案馆藏档案，档案号：LS56-9-173。

地区建有分所，其他各地由当地资源委员会代办，通过系统内部通信系统与总所进行业务联系，几乎垄断了国内中资保险业务。保险事务所业务规范，管理严格，员工寿险名册、请款单、要保书、保费收据、解缴保费清单、领款凭单均为蓝色铅印，纸质优良。我们可以从资源委员会华中钢铁有限公司筹备处了解相关情况。

资源委员会曾请美国麦基公司做了华东、华北、华中几个地区的钢铁规划，其中以华中规模最大，为年产100万吨钢铁联合企业，初估投资需要2亿美元。资源委员会为此成立了华中钢铁有限公司筹备处，准备利用汉冶萍公司的铁矿基地及钢铁厂旧址来建设一个年产百万吨钢的新钢铁厂，厂址设在湖北大冶县石灰窑。该机构的员工寿险办理情况（见表4-5，表4-6），可以说是资源委员会员工人寿保险的一个缩影。

表4-5　资源委员会华中钢铁有限公司筹备处人寿保险统计

（1946.10～1948.6）

时　间	参保人数					总计	各组个人所缴保险费（元）					总保险费（元）
	职　员			工　人								
	甲	乙	丙	丁	戊		甲	乙	丙	丁	戊	
1946.10	3	35	94			136	900	660	430			139640
1946.11	7	36	107			150	900	660	430			152140
1946.12	7	40	114			161	1460	1070	680			261080
1947.1	8	38	120			166	1460	1070	680			263880
1947.10	7	38	34	281	550	910	10630	8000	5130	4320	1093	6044900
1947.11	7	35	69	275	580	966	10630	8000	5130	4320	1093	6037080
1947.12	7	35	65	274	571	952	10630	8000	5130	4320	1093	5952340
1948.1	8	38	62	173	525	806	5650	4360	3050	1860	920	2409520
1948.2	8	36	61	192	528	825	19950	15130	10230	6040	2970	8172820
1948.3	8	37	59	194	524	822	25600	19490	13280	7900	3890	10560820

续表

时　间	参保人数					总计	各组个人所缴保险费（元）					总保险费（元）
	职员			工人								
	甲	乙	丙	丁	戊		甲	乙	丙	丁	戊	
1948.4	8	37	61	194	515	815	70000	53000	37000	21000	11000	29034000
1948.5	8	39	60	199	519	825	100000	75000	50000	27000	18000	42880000
1948.6	8	39	59	201	538	845	134000	102000	69000	41000	24000	60548000

资料来源：《华中钢铁公司·寿险》，湖北省档案馆馆藏档案，档案号：LS56-9-175。

从表4-5来看，该处办理寿险的1年多时间里，参加保险的人数最多时不到千人，最少时仅百余人，规模不大。从被保险人薪津标准级别来看，参加者工人数较职员多，工人中又以普通工人多于技工。从保险费缴纳来看，职员高于工人。随着物价波动，保险费也随之增加。联系表4-6，保险给付支出显然少于保费收入，还是能够体现现代社会保险的大数原理——多数人分担少数人的损失。

表4-6　资源委员会华中钢铁有限公司筹备处人寿保险
理赔一览（1946.10~1948.6）

姓　名	性别	年龄	组别	入保时间	事　由	保险费金额（元）	受益人	批准时间
卫昌煜	男	39	丁	1946.5	1947.11 病故	5753703	妻 卫曹氏	1947.12
吴流茂	男	30	戊	1946.6	1947.12 工伤病故	2562730	母 吴罗氏	1947.12
郑银洲	男	34	戊	1947.4	1948.1 因公死亡	5125464	妻 刘春兰	1948.2
周　三	男	33	戊	1946.10	1948.2 因伤死亡	7928000	父 周顺清	1948.3
胡仁先	男	42	丙	1946.12	1948.4 病故	26555000	妻 万忆芳	1948.7
黄　义	男	30	戊	1946.6	1948.6 病故	30000000	母 黄陶氏	未知

资料来源：《华中钢铁公司·寿险》，湖北省档案馆馆藏档案，档案号：LS56-9-174。

从表4-6来看，保险给付以工人的死亡保险为主，且被保险人均为壮年男性，应该是家里的顶梁柱，保险费多少能给遗属一定的经济支持，体现出社会保险的应有之义。以警士周三理赔为例，周氏为江西吉安人，服务 1 年 5 个月，1946 年 10 月入保，薪津标准为 991000 元，1948 年 2 月 18 日值哨时被霸王车打伤头部致死。其父周顺清，在家乡务农，为保险金受益人，领取 7928000 元。[①] "1948 年 1 ~ 8 月间，法币大为贬值，5 万 ~ 6 万元才合今人民币 1 元"[②]，照此来看，周父所得保险金仅相当于今天人民币一百多元，对其年老丧子后的经济补偿效果不容乐观。实际上，鉴于物价暴涨，资源委员会自 1948 年 3 月 1 日起，在保险费率维持 30% 不变的情况下，将保险给付金提高：普通死亡、半残废提高为 5 个月薪津；意外死亡、全残废提高为 10 个月薪津；意外伤残、暂时残废仍每月赔付半个月薪津，期限提高为 8 个月。[③] 然而，在整个国民经济崩溃的大背景下，也不过是杯水车薪，聊以安慰了。

资源委员会员工伤残或死亡，除按规定领取寿险金外，凡因执行职务而致伤的死亡或在职积劳病故者，均可适用《资源委员会所属机关员工抚恤规则》（1947 年 2 月制订）办理抚恤。关于抚恤金部分，自己无过失者按服务年资发给一次性恤金。未满 3 年的发 10 个月薪津，3 ~ 4 年者发 11 个月薪津，4 ~ 5 年者发 12 个月薪津，依此类推。如有特殊功绩者，除按服务年资发给恤金外，并得按情节核给一个半月至 6 个月薪津的特别恤金。至于丧葬费部分，职员依照当月生活补

---

① "1947 年 12 月申请死亡保险金"（1948 年），湖北省档案馆馆藏档案，档案号：LS56-9-174。

② 陈明远：《文化人的经济生活》，文汇出版社，2005，第 277 页。

③ "资源委员会保险所为电知业经奉大会核准提高寿险保险金额由（1948 年 4 月 6 日）"，湖北省档案馆馆藏档案，档案号：LS56-9-174。

助费基本数发给，工人为职员的 60%。[①]

　　资源委员会的员工寿险包括死亡和意外伤残两项，实行保费分担、专门机构管理，理赔迅速。同时因其员工总数有 63 万人之多，保险费收入有稳定的基础。实际上，包括员工寿险在内，"资源委员会的这些福利措施，花费并不多，收益则很大。由于职工的最低生活有所保障，一般均能安心工作"[②]。

第五节　强制储蓄

　　民国时期，储蓄是经营较好的公司、企业的一种员工待遇，有较高的利息和安全性。而政府较早介入保障劳工经济生活安全的措施，当数提倡强制储蓄。所谓强制储蓄，即国家通过立法，强制职工定期向储蓄管理机构交纳储金，管理机构将储金连同其定期的利息收入记入其账户，到规定年限或工人遭遇年老、病残或死亡、失业等时，管理机构则将存款及利息支付给职工或其遗属。

　　早在北京政府时期，内务部拟订的《警察储金试办办法》，于1918 年 1 月起在全国一律试办。1925 年交通部拟订有《国有铁路职工储蓄规则草案》，规定凡在国有铁路服务之职工，应按法定比例缴纳储金：工资在 30 元以下者，月储 1%；工资在 30 ~ 40 元者，月储2%；工资在 40 ~ 50 元者，月储 3%；工资在 50 ~ 60 元者，月储 4%；工资在 60 元以上者，月储 5%[③]，但是并未实施。1931 年 12 月南京国

[①] 全国政协文史资料研究委员会工商经济组编《回忆国民党政府资源委员会》，中国文史出版社，1988，第 207 ~ 208 页。

[②] 郑友揆、程麟荪、张传洪：《旧中国的资源委员会——史实与评价》，上海社会科学院出版社，1991，第 124 页。

[③] 王清彬等编《第一次中国劳动年鉴》第 3 编，北平社会调查部，1928，第 72 页。

民政府铁道部公布《国有铁路员工储蓄通则》，规定储蓄金由两部分组成，一部分是按月依照法定比例扣缴员工薪资：薪资 10 元以上者扣 2%、薪资 100 元以上者扣 3%、薪资 200 元以上者扣 4%、薪资 300 元以上者扣 5%；一部分是铁路局依据薪资数目按照法定比例按月为各员工存储的补助金：20 元以上和不满 20 元者补助 5%、50 元以上者补助 4%、100 元以上者补助 3%、200 元以上者补助 2%。① 从吴至信调查可知，部分铁路实施了储蓄补助金，其标准如表 4-7 所示，按服务年资两年为一段，分别给予不同比例的补助，年资 10 年以上者可得百分百补助。

表 4-7　部分铁路储蓄补助金发给标准

服务年数	发给补助金本利全额之百分数（%）
1 年以上 2 年未满	10
2 年以上 4 年未满	30
4 年以上 6 年未满	50
6 年以上 8 年未满	70
8 年以上 10 年未满	90
10 年以上	100

资料来源：吴至信：《中国惠工事业》，李文海主编《民国时期社会调查丛编·社会保障卷》，福建教育出版社，2004，第 207～208 页。

北京政府时期储蓄规定只见于警察和国有铁路职工。江苏省农工厅在 1928 年制定的《工厂附设工人储蓄部暂行办法》，最早提倡工人储蓄。该办法规定雇工在 100 人以上的工厂须办理储蓄会，工人每人每月储蓄工资的 1/20，年利六厘，三年满期。当时全国工厂办有工人储蓄的，上海的有英美烟草公司、商务印书馆，河北的有久大、永利、

---

① 蔡鸿源主编《民国法规集成》（第 62 册），黄山书社，1999，第 390 页。

渤海化工厂及天津的寿丰面粉厂。[①] 1932 年南京国民政府颁布实施
《工人储蓄暂行办法》，面向全国工厂积极鼓励并推行工人储蓄，分为
强制储蓄和自由储蓄两种。全国陆续开始办理工人储蓄。

　　上海是工商业发达之地，早在 1928 年，上海特别市政府要求
"各工厂附设工友储蓄部"，职工"将每月所得工资扣出一小部分，
使其储蓄生息。日储零星，持之以恒，日久不难汇成巨数，可备疾
病、年老之预防，可作年老养息之绸缪"。1928 年底英美烟草公司、
亚细亚火油公司、商务印书馆、南洋烟草公司都办有职工储蓄。
1929 年 9 月市公安局、1930 年市公用局和市社会局、1934 年市公务
局等都先后组织办理了不同形式的职员储蓄保险。[②] 1932 年《工人储
蓄暂行办法》颁布后，上海市规定对工人储蓄实行强制办法，"劳资
双方各出工资的 5%，设立储备会之事务，责成工厂担任"，"这种以
职工储蓄为主要形式的社会保险至少在形式上在很大范围内得以推
行……1933、1934 年度上海市各工厂、公司、商店的职工待遇规则，
如中华铁工厂、上海华商电气股份有限公司、上海一心牙刷厂、梁记
牙刷厂、家庭牙刷厂、世界书局股份有限公司等等，对于职工储蓄保
险，都做了不同形式的规定"[③]。《上海华商电气股份公司职员服务规
则》在第六章"储蓄"中规定职员每月提出三天半的薪金作为强制储
金，公司再给予同数金额为人寿储金。强制储金存于公司，周息 1 分；
人寿储金存于公司，按照上海新华储蓄银行五年人寿保险金办法办
理。[④] 三家牙刷厂则对工人在厂所存物品代为估价，由厂方代保火险，

---

① 邢必信等主编《第二次劳动年鉴》第 3 编，北平调查研究所，1932，第 144 页。
② 《上海特别市农工商局业务报告》，上海特别市农工商局秘书处编，1928，第 28、193 页。
　转引自汪华《近代上海社会保障事业初探（1927-1937）》，《史林》2003 年第 6 期。
③ 汪华：《近代上海社会保障事业初探（1927-1937）》，《史林》2003 年第 6 期。
④ "上海华商电气股份公司职员服务规则（1933 年）"，上海市档案馆馆藏档案，档案号：
　Q6-18-248-94。

保险费以 50 元为限。① 上海金星笔厂"每月扣工资 10%，厂方另贴 10%，作为职工储蓄，十年本利归还"②。商务印书馆在 20 年代即提倡职工储蓄，1929 年度储蓄及存款达到百万余元（银元）。③ 在遭受"一·二八"事变破坏后，"同人中赖特别储蓄以维持生活者甚多，由此更知储蓄利益之广大"，公司于 1934 年 5 月 30 日颁布《同人长期奖励储蓄规则施行细则》，并在第一年度特别提拨 15000 元用来奖励职工储蓄。④

除上海外，青岛市的工人储蓄取得相当大的成绩。青岛市还曾设立劳工生活改进委员会，负责督导办理劳工储蓄事业，颁布了《青岛市工人储蓄指导委员会暂行简则》《青岛市工厂存储工人储金担保暂行办法》。到 1933 年，已有 7 家工厂设立工人储蓄会，皆采取强制储蓄，共有会员 1062 人，储金总额为 10710.93 元（见表 4-8）。

表 4-8　青岛市工人储蓄情况

设立储蓄会的工厂	开办时间	会员总数（人）	储金总数（元）	支付总数（元）	年息	存储银行
华新纱厂股份有限公司	1932.9	491	4597.67	184.25	9 厘	中国实业银行
培林蛋厂	1932.8	179	1795.60	169.26	8 厘	交通银行
茂昌蛋厂	1932.8	134	1314.00	359.83	8 厘	交通银行
永裕盐业公司	1932.8	73	2232.71	260.00	8 厘	交通银行
利生铁工厂	1933.7	78	202.75	5.60	8 厘	交通银行
东益铁工厂	1933.7	42	213.20	8.00	8 厘	交通银行
冀鲁制针工厂	1933.8	65	355.00	3.00	8 厘	交通银行

资料来源：实业部劳动年鉴编纂委员会：《二十二年中国劳动年鉴》第三编，正中书局，1934，第 164 页。

---

① "上海一心/秉沪江/家庭牙刷厂工厂规则（1933 年）"，上海市档案馆馆藏档案，档案号：Q6-18-250。

② 《上海金星笔厂简史》，《工商史料丛刊》第 3 辑，文史资料出版社，1984，第 190 页。

③ 《商务印书馆股份有限公司结算报告》，商务印书馆，1929。

④ 《总管理处通告（第九十七号）》，《商务印书馆规则汇编·人事卷》，商务印书馆，1935，第 169 页。

据实业部在 1933 年、1934 年两年调查，"全国各地举办工人储蓄事业的，山东、青岛、江苏、浙江、山西、河北、北平、威海卫等省市共有储蓄会二十七个，会员一万三千八百九十六人，储蓄总数六十三万三千八百八十二元。二十三年四川、河南、广西、云南、汉口等省市，亦开始举办，全国储蓄会增至五十五个，会员增至一万九千五百七十三人，储金增至九十三万三千六百一十五元。以后历年都在增加"[①]。国民政府对于推动工人储蓄十分重视，实业部在 1937 年初"转饬主管官署督促各工厂限期成立工人储蓄会"[②]，山东一省将 22 家成立储蓄会的公司的储蓄章程送达实业部备案，由此可一窥当时工人储蓄发展情况。

表 4-9 山东省工人储蓄会简况

设立储蓄会的工厂	会员总数（人）	储蓄类别（强制/自由）	每月储金占工人工资比例	利　息	存储地点
潍县信丰染印公司	77	强制	10%	月息 1 分	本公司
		自由	1 元起存	年息 8 厘	
潍县华德颜料无限公司	58	强制	5%	月息 8 厘	
潍县元聚染织工厂		强制	10%		
		自由			
烟台张裕酿酒公司		强制	最低 5%，多则听便，但认定后不得更改		中国银行
烟台通益精盐厂		强制	普通工 5 角，副工头、工匠 1 元，工头 2 元、5 元		
烟台澧泉啤酒公司		强制	最低 5%		

[①] 朱子爽：《中国国民党劳工政策》，国民图书出版社，1941，第 65 页。

[②] "各省各业工人储蓄会简章（1936～1937）"，中国第二历史档案馆馆藏档案，档案号：四二二（6）-338。从目录来看，"各省各业工人储蓄会简章"档案共有 3 卷，因为档案状况不好，只能调阅其中 1 卷，该卷也多有破损、残缺之处。

续表

设立储蓄会的工厂	会员总数（人）	储蓄类别（强制/自由）	每月储金占工人工资比例	利 息	存储地点
烟台顺德兴造钟工厂		强制	工资5元以上者5%		
烟台永康造钟公司		强制	5%		
烟台生明电灯公司		强制	5%		
烟台瑞丰面粉厂		强制	最低5%	周息8厘	
烟台同志料器工厂		强制	5%		
烟台捷敏机器工厂		强制	5%		
烟台昌兴火柴公司		自由	1元起存	年息8厘	
烟台诚文德生铁制罐工厂		强制	5%		
烟台永业造钟厂		自由	1元起存		
烟台盛利造钟厂		自由	1元起存		
临清县文卫印刷公司		强制	10元以上者5角，5元以上（残缺）	利滚利	
峄县中兴煤业公司			5%，另由公司陪存5%		银行
临清县鲁西火柴厂			最少国币1分，多者听便		银行
临清电灯公司			10元以上者5角，5元以上者3角，1元以上（残缺）	利滚利	

资料来源："各省各业工人储蓄会简章（1936～1937）"，中国第二历史档案馆馆藏档案，档案号：四二二（6）-338。"济宁县济丰恒记面粉工厂储蓄会"因档案残缺无有效内容，因此仅为20家。

从表4-8和表4-9来看，在抗日战争全面爆发前，工人储蓄大多采取强制储蓄、储蓄额为月工资的5%。据吴至信1937年调查，5铁路9矿35厂中，"已办理此项事业者，计有3铁路5矿24厂，而其中半数以上系在最近五年内举办"[1]。可见在《工人储蓄暂行办法》颁布后，工人储蓄有所发展。抗战期间，因战争环境下货币贬值、工人生

---

① 吴至信：《中国惠工事业》，李文海主编《民国时期社会调查丛编·社会保障卷》，福建教育出版社，2004，第202页。

活困难，工人储蓄受到很大影响。据清华大学国情普查研究所对重庆、昆明等城市的抽样调查，重庆 68 个工厂中，只有 16 个厂办有工人储蓄；昆明 42 个工厂中，只有 4 个厂办有工人储蓄，其中除 1 家因实行强制储蓄人数稍多外，其他参加人数都很少。[①] 战后，据社会部 1946 年底统计有案之劳工福利设施单位数，共有 40 个单位实施储蓄项目，其中包括 31 个厂矿单位。[②] 可见工人储蓄发展规模不大。

工人储蓄发展规模不大的原因，关键在于工人收入较低，工人的收入仅能满足日常生活需要，对于储蓄缺乏兴趣。即便是厂方实行强制储蓄，低工资收入者积年累月的储蓄也还是难以保障其遭遇疾病、失业、年老时的生活，工人从中得到的实惠少，自然兴趣不大。因此，吴至信指出："故事实上造福于我国工人之储蓄制，不在强迫与自由之区分，而在雇主补助金之提倡。"[③] 然而，抗日战争期间，即使有厂方的补助，工人储蓄也难以发展。如昆明资源委员会之下某厂实行强制储蓄，员工进厂时按薪资 3%～5% 认定储蓄金额，每月厂方代扣存入国家银行，厂方对收入 100 元以下者陪存 100%，100～200 元者陪存 90%，最低年限为 5 年。但是工人对储蓄并不欢迎。究其原因，在于强制储蓄要求时间较长，而战时货币贬值较快，工人宁愿购买衣料等物以予保值。有研究者对此感到遗憾："储金的用意是在鼓励工人节约；厂方并有陪存，实具有劳动保险的意义，可是有些工人对于储金发生反感。……有的工人对社会立法还很欠了解。"[④] 认为工人因不了解社会立法而不支持储蓄是不符合实际的，社会立法的本意最终是保护工人的利

---

① 参见陈达《我国抗日战争时期市镇工人生活》，中国劳动出版社，1993，第 136、260 页。
② 《社会行政统计》，社会部统计处编印，1946，第 34 页。
③ 吴至信：《中国惠工事业》，李文海主编《民国时期社会调查丛编·社会保障卷》，福建教育出版社，2004，第 202 页。
④ 史国衡：《昆厂劳工》，商务印书馆，1948，第 103 页。

益，但是工人的利益在战时储蓄受到了损害，因此著名的社会学家陈达在事实充分的调查基础上明确指出："储蓄根本在战时实行不通。"[1]

第六节　川北盐场盐工保险

1943 年底至 1949 年初，四川北部 10 个盐场都开办了盐工保险，这种具有明显现代特征的社会保险活动之所以能够在这一特定区域和特定行业中得以初步实施，其原因有下述几个方面。

第一，保障盐工基本生活，以稳定井盐生产，满足抗战时期军事民用需要。

盐是重要的生产、生活物资，尤其在战争年代，还是一项重大的战略物资。民国时期中国的盐主要分海盐和井盐两种。海盐主要产地如辽宁、山东和两广地区，在全面抗战爆发后已先后失陷，出产井盐的四川就成为大后方主要的盐业供应来源地。四川省的产盐区域分为川南、川北两个区，川南区包括川南、川东产盐县份；川北区则包括川北、川西产盐县份，共有 12 个盐场。抗战前，川盐除满足本省需要外，还主要供应西南各省。抗战时期，四川作为战时首都所在的抗战大后方，700 万移民相继涌入，造成对盐的需求急剧扩大；同时，川盐还得供应湖南、湖北两省，供需矛盾变得十分突出。因此，只有提高川盐的产量，才能保障急剧增加的省内外的军需民用。问题在于，产量的提高有赖于盐工生产技术和技能的提高，生产技术和技能提高的前提条件则是盐工的基本生活能够得到保障。然而当时直接处在生产第一线的盐工的生活十分困苦。他们"每天劳动时间长达十五至十六

---

① 陈达：《我国抗日战争时期市镇工人生活》，中国劳动出版社，1993，第 260 页。

小时，而且劳动条件恶劣，完全是繁重的体力劳动和手工操作，劳动强度大，然而工资待遇却极其低微。当时最高工资，每工一个月仅合盐六十斤，最低一个月仅能买一二升米，终年劳累，不得温饱"①。随着抗战爆发，川盐因供求市场的转移，其重要性不断凸显，生产和销售出现两旺情形，但盐工的生活状况并未因此得到明显改善，"近年川北盐业因抗战而繁荣，盐业利润较为优厚，灶户为维生产，对于工资虽均略有增加，然物价节节上涨与币值逐渐降低，致名义工资与实在工资悬差太巨，工人所得仍不足赡养家室"②。盐工一旦自己生病或衰老不能工作，全家的生活随即陷入困顿。显然，这种情形下的盐工生活是没有保障的，也不利于提高产量。因此，盐务总局在1941年度业务计划中指出"增加生产，端赖劳工"，准备将盐工生活水平合理提高，"不但减免劳资纠纷，且可安定后方秩序"③。1942年，盐务机关的主管部门财政部指示川北盐务机关与国民政府社会部商洽，着手办理盐工保险以保障盐工生活。

第二，国民政府倡办盐工保险的另一初衷，是想以此方法防止盐工受共产党影响。

全面抗战爆发后，国共两党虽实行合作，但是身处执政党地位的国民党对共产党实力和影响在抗战中的扩大一直耿耿于怀。国民党五届五中全会组成"防共委员会"，提出"溶共、防共、限共、反共"的方针，称共产党为"异党""奸党"。太平洋战争爆发后，国民党加强了对共产党及其活动的防范与打击，这在一个侧面也反映在对待川

---

① 陈开方、夏仲康：《盐垣沧桑——三台富顺盐厂简顾》，《三台文史资料选辑》第3辑，1985。
② 中国第二历史档案馆编《中华民国史档案资料汇编》第5辑第2编政治（五），江苏古籍出版社，1998，第74页。
③ 《盐务总局三十年度业务计划》，中国第二历史档案馆馆藏档案，档案号：二六六-2798。转引自董振平《抗战时期国民政府食盐产制政策述论》，《盐业史研究》2005年第3期。

北盐工罢工的态度上。由于四川盐业生产的重要性，财政部曾与军政部商洽，"将现有之直接盐工，一律缓役，其以后增加之直接盐工，以及运盐工人、运输制盐所用煤薪之立夫，船工、桡夫，与专制装盐采卤所用器具之工人，均分别规定缓役"①。但是在实际执行过程中，仍有一些盐场工人被征兵役。1939～1940年川东、川北都出现盐场工人因反对征兵役和要求加工资而组织的罢工。罢工风潮引起有关当局的高度重视。蒋介石致电孔祥熙，认为有"异党活动"，"隐患堪虞，应令负责人员切实详报处理"；孔祥熙电令盐务总局"关于盐工福利事宜，务宜积极进行"②。对此，盐务总局派专门人员进行调查，报告认为"可知射、蓬、西、南、盐五场盐工风潮已因生活压迫及缓役办理未善而肇其事端，并由于反动之煽动领导渐趋严重，大有变自发的行为为意识的斗争之趋势"，建议改善盐工生活、开办盐工子弟学校、进行盐工储蓄保险等③，遂有社会部应川北盐务机关之请，办理盐工保险事宜。

第三，社会部为盐工保险的开办提供了技术指导。

20世纪40年代初，国民政府开始加强对社会福利事业的投入，积极从行政、立法等方面进行社会保险的筹备与实践。1940年11月，原属于国民党党务系统的社会部改隶行政院，社会部下设社会福利司专管社会福利事项，其职责之一便是指导实施社会保险。1947年又成立了隶属于行政院社会部的中央社会保险局筹备处，负责拟定社会保险的一切业务方案及有关制度。到1949年1月该机构裁并疏散前，川

---

① 钟崇敏等编撰《自贡之盐业》，中国农民银行经济研究处印，1942，第89页。
② 中国第二历史档案馆编《中华民国史档案资料汇编》第5辑第2编政治（五），江苏古籍出版社，1998，第42～43页。
③ 中国第二历史档案馆编《中华民国史档案资料汇编》第5辑第2编政治（五），江苏古籍出版社，1998，第81～84页。

北盐工保险一直是社会部的主要工作内容之一。社会部社会福利司及中央社会保险局筹备处通过法规、政策的制定和专业人士的直接的技术指导，为川北盐场盐工保险实践奠定了基础。

社会部社会福利司第一科主管社会保险业务。1941 年，该科已翻译了 18 种国外社会保险资料，整理了前实业部起草的《强制劳工保险法草案》和前广东建设厅起草的《劳动保险草案》等，拟定了《社会保险法原则草案》《健康保险法草案》《陪都公务员役团体寿险计划纲要草案》等，具有相当高的理论水平。实际上，1942 年拟定的《川北区各场盐工保险暂行办法》就是以《健康保险法草案》为原则，结合实际情况制定的①。

至于各盐场保险社的设立、管理人员的培训等，社会部社会福利司人员都进行了实际、有效的指导。一年多的时间中，吴学峻、杨树培、陈煜堃、任和等人分赴三台、射洪、绵阳、盐亭、简阳、蓬溪、河边、乐至、南阆各地，在缺乏资金和人才的情况下，因地制宜，利用各场盐务管理局的行政资源，加以技术指导，创办了川北 10 个保险社；吴学峻还亲自兼任三台保险社的主任。在保险社办理期间，社会部还在 1944 年 4 月 18 日至 5 月 28 日开设的社会工作人员训练班培训社会保险人员 14 人②，盐亭保险社主任、盐亭盐场盐工组组长潘国华即是其中一员③。正是有了社会部的督导和支持，不以营利为目的的川北盐工保险才得以实现。在此之前，也曾有商业人寿保险公司与盐务当局接洽该项业务，然而其追求利润的商业保险性质很难满足盐工

---

① "报告协助川北盐务管理局筹办盐工保险情形（1942 年 9 月 17 日）"，中国第二历史档案馆馆藏档案，档案号：十一-6441。

② "社会部三十三年度第二季工作进度检讨报告表"，中国第二历史档案馆馆藏档案，档案号：十一-2-2118。

③ "盐亭报告（1944 年 11 月 11 日）"，中国第二历史档案馆馆藏档案，档案号：十一-6934。

保险的实际需要，终究未有结果。

概括来说，川北盐工保险的实施可分三个阶段。

一　筹备阶段

1942 年 8 月，受川北盐务机关的邀请，社会部社会福利司第一科制定《川北区各场盐工保险暂行办法》，进行筹划、准备工作。盐务机关在盐商的帮助下，向盐工和灶户进行宣传和动员。因川北盐务管理局局长变动，筹备工作一度迟滞下来。后来，川北盐务管理局又商请社会部主办，到 1943 年 6 月，经过社会部和财政部的核定，《川北区各场盐工保险暂行办法》正式颁布，为实施川北盐工保险提供了政策依据。该办法强调盐工保险为救济盐工而设，不以营利为目的；规定在各盐场组织办理盐工保险社，由盐工、灶户代表组成理事会、监事会进行监督、管理；凡在盐署登记在册的、年满 16 岁以上的工人，均强制参加保险，成为被保险人；保险费用由盐工和灶户（即雇主）平均分担，按照标准报酬及保险费率来计算；保险项目为疾病、负伤、婚娶、养老、死亡及家属表 6 种。

当时川北盐场所在地包括三台、绵阳、射洪、蓬溪、中江、乐至、简阳、河边、南阆、盐亭 10 个县，盐场工人大约有 10 万人，因为产盐地分散，工人也分散居住，分成 10 余个盐场管理。为取得实际办理经验，社会部"决定先在三台盐场试办，以后再推及其他各场"[①]。

二　三台盐工保险社试点阶段

经过一年多时间的筹备，1943 年 10 月 18 日三台盐工保险社正式

---

① 杨树培：《川北盐场实施社会保险之概况》，《革命文献》第 100 辑，台北："中央"文物供应社，1978，第 341 页。

成立，1944 年 1 月 1 日开始办理保险业务①。

在社会部人员吴学峻的指导下，三台盐工保险社借助三台川北盐务管理局的办公设施，将保险社设在管理局内，下设总务、业务两组，办事人员由管理局派任，盐务公署场长兼任理事长，盐工和灶户代表组成理事会、监事会，由盐务机关拨发 10 万元保险基金及每月办公经费 2000 元开展业务。保险费以标准报酬 1000 元为标准，按保险费率 2% 收取；保险项目暂定为疾病、负伤、婚娶、养老、死亡 5 种；保险给付为现金方式，最初仅办理死亡给付与养老给付 2 种。1944 年 1 月到 3 月，三台盐场有 5176 名盐工参加保险，保险社收取保险费共计 248160 元，暂时存入中央银行三台县分行。其间，支付 2 名盐工死亡保险给付。三台保险社业务推行较为顺利，1944 年底又增加婚娶及家属丧 2 种给付。到 1946 年，已办理负伤、婚娶、养老、死亡及家属丧 5 种保险给付。②

为有效推广三台办理经验，1944 年 3 月至 5 月，川北盐务管理局从每个盐场抽调管理人员 2 名到三台保险社实习，对他们进行业务培训；4 月至 5 月，社会部又在社会工作人员训练班增设社会保险组，培训保险社工作人员。

三 普遍办理阶段

三台保险社的办理起到了示范作用，其他各场亦纷纷要求办理。社会部杨树培、吴学峻、陈煜堃等人到各盐场进行巡回指导，按照三台模式建立起各场保险社。1944 年 10 ~ 11 月，射洪、绵阳、西充、

---

① "为川北区三台盐工保险社开始业务以来请将办理此间有关业务照陈事项由（1944 年 4 月 20 日）"，中国第二历史档案馆藏档案，档案号：十一-6441。

② 散见"社会部办理四川盐工保险卷"（1942 年 9 月 ~ 1947 年 2 月），中国第二历史档案馆馆藏档案，档案号：十一-6441。

蓬溪、简阳、河边、南阆、乐至、盐亭 9 个盐工保险社相继开办，参保人数达 40718 人，保费收入达 814360 元。[①] 保费一般都存在保险社所在县的银行。

开办之初，除三台保险社外，其他 9 个保险社仅办有养老给付、死亡给付。因为川北盐工皆为男性，为适应盐工实际生活需要，1945 年 12 月 26 日，社会部命令各盐场增加婚娶和家属丧 2 种保险给付。从笔者所查资料来看，川北盐工保险给付实际上主要为死亡、婚娶、家属丧 3 种给付。由于战时通货膨胀，盐工标准报酬并非 1000 元，所以在 1944 年将给付标准金额分别定为死亡 36000 元、婚娶 7200 元、家属丧 7200 元。[②] 1944 年重庆产业工人每月的平均工资为 3454 元[③]，从这点来比较，对于遭受困难打击的盐工及其家属来说，这 3 种保险给付多少有助于他们的生存。

由于物价上涨较快，1945 年底，社会部又对《川北区各场盐工保险暂行办法》进行修订，规定保险给付以现金为主，负伤津贴"每日金额为其标准报酬日额平均数"，不得超过 90 日，疾病津贴相同；婚娶津贴为"其一年标准报酬平均数十分之二"；养老津贴满 5 年者为"其一年标准报酬平均数十分之十二"，"满七年者十分之十六，满十年者十分之二十"；死亡津贴包括丧葬和遗属津贴，丧葬为"其一年标准报酬平均数十分之二"，遗属津贴未满 1 年者发给"其一年标准报酬平均数十分之四"，"已满一年者十分之八，满两年者十分之十二，满三年者十分之十六，满五年以上者十分之二十"；家属丧葬津

---

① 见"川北区各盐场盐工保险社被保险人数及保险费"表，《革命文献》第 100 辑，台北："中央"文物供应社，1978，第 492 页。

② 周光琦：《川北盐工保险业务之商榷》，《革命文献》第 100 辑，台北："中央"文物供应社，1978，第 347 页。

③ 陈明远：《文化人的经济生活》，文汇出版社，2005，第 221 页。

贴为"其一年标准报酬平均数十分之二"①。此时"被保险员工月标准工资为国币三千元"②。1946 年度川北 10 个盐场入保人数有所下降,如表 4-10 所示;盐工保险社的各项收入为 30831919 元,包括保险给付在内的各项支出如表 4-11 所示。

表 4-10　川北盐场盐工保险社 1946 年度入保人数

保险社别	上年底	本年入保	本年停保	本年底
三　台	4639	692	1202	4129
西　充	1842	426	608	1660
河　边	4179	355	913	3621
南　阆	7191	1425	1221	7395
射　洪	6133	4999	4738	6394
绵　阳	2153	442	423	2172
乐　至	3847		63	3784
蓬　溪	3718	21	13	3726
简　阳	511	498	125	884
盐　亭	1575	3	30	1548
总　计	35788	8861	9336	35313

资料来源:《社会福利统计》,社会部编印,1946,第 75 页。

表 4-11　川北盐场盐工保险社 1946 年度支出

（单位：元）

保险社别	总　计	保险给付				管理费	其他支出
		共　计	婚　娶	家属丧	死　亡		
三　台	1328600	1038600	144000	72000	822600	240000	50000

---

① 周华孚、颜鹏飞主编《中国保险法规暨章程大全（1865－1953）》,上海人民出版社,1992,第 589～581 页。

② 秦孝仪主编《中华民国社会发展史》（第 3 册）,台北:近代中国出版社,1985,第 1844 页。

续表

保险社别	总　计	保险给付				管理费	其他支出
		共　计	婚　娶	家属丧	死　亡		
西　充	587200	367200	36000	28800	302400	220000	—
河　边	1176300	410400	—	14400	396000	574900	191000
南　阆	1310716	914400	28800	43200	842400	388100	8216
射　洪	2329819	1623600	93600	165600	1364400	706219	—
绵　阳	801600	561600	64800	28800	468000	240000	—
乐　至	586000	306000	122400	93600	90000	200000	80000
蓬　溪	1000300	657000	50400	151200	455400	343300	—
简　阳	582600	299600	7200	14400	278000	192000	91000
盐　亭	247200	7200	7200	—	—	240000	—
总　计	9950335	618600	554400	612000	5019200	3344519	420216

资料来源：《社会福利统计》，社会部编印，1946，第 76 页。

到 1948 年 11 月底，"参加保险之盐工已达四万零六佰五十六人"[①]。川北盐场盐工保险实施 5 年中，有的盐场老板因官方限价难获利润，常常采取停工的办法避免损失，由此导致盐工失业、中断保险；而盐工由于生活所迫，有时转行或要求停办保险。如 1946 年度辞工改业的就有 4123 人，被解雇的有 2096 人。[②] 与此同时，也不断有新的盐工加入。受盐工流动的影响，参加保险的盐工人数始终在 4 万人左右，没有大的突破。随着国民党兵败大陆，1949 年初，主管盐工保险的社会部中央社会保险局筹备处奉令裁并疏散，川北盐工保险活动随之中断。

与现代西方社会保险相对照，川北盐工保险活动实际上已经具备

① "社会部卅七年六月至十一月施政成果报告"（1948 年 6 月），中国第二历史档案馆馆藏档案，档案号：十一–6501。

② 《社会福利统计》，社会部编印，1946，第 75 页。

了较为明显的现代社会保险的基本特征，同时也取得了一定的社会效果。

其一，川北盐工保险实践是在中央和地方政府积极主导下得以实施的，这是政府在社会保险中主体地位的一次彰显。

在经济较为落后的地区推行任何社会政策，政府力量的介入不可或缺。盐工保险作为一种专业性较强、处于开创性阶段的新兴事业，需要专业技术人员、一定经费和行政力量的支持。川北地区的社会、经济都处于前工业化阶段，在战时经费困难、战后物价飞涨的情况下，没有政府的主导作用是难以实现的。中央政府首脑和盐务机关主管部门对盐工社会保险予以积极关注，对盐工社会保险的开展有较强的推动作用。社会部作为劳工福利的专门管理机构，直接参与盐工保险社开办工作并给予技术指导，保证了其业务的顺利开展。同时，川北盐务总局作为主管机构，在盐工保险的宣传、动员和办公地点以及经费等问题上，给予了积极的支持。如最初盐务机构为盐工保险提供了 10 万元的保险基金和 2000 元办公费，后来则由社会部每月奖助保险社 2 万元办公费，为各场盐工保险社的顺利开展奠定了基础。

其二，川北盐工保险是在充分借鉴国外社会保险制度的基础上，结合川北实际所进行的较具社会意义的一次实践。

现代社会保险制度起源于国外，社会处在筹划出台国内社会保险制度之初，就十分注重吸收国外社会保险制度的实践经验。如社会部社会福利司第一科翻译了 18 种国外社会保险资料，在借鉴国外社会保险立法的基础上，拟定了《社会保险法原则草案》《健康保险法草案》《陪都公务员役团体寿险计划纲要草案》等。社会部还以《健康保险法草案》为蓝本，"核与社会保险之原理原则"，草拟了川北盐工保险暂行办法草案、标准工资日额计算表草案、保险费及保险给付计算法举例草案、川北盐工保险收支估计初步草案等①，尤为重要的是，《川北区各场盐工保险暂行办法》的颁布，更进一步在法规上对川北盐工保险实施的目的、原则和具体措施进行了详细规定，使之具有了社会保险的一般特点，即维护工人生活安全，不以营利为目的；政府强制实行；保险费用由雇主和工人分担；保险给付以现金为主，并将保险项目设置为疾病、负伤、婚娶、养老、死亡及家属丧6种，具有一定的灵活性和针对性。

社会部在三台试办保险社的时候，为解决保险社缺乏专业办理人员的难题，采取借用盐场已有的管理机构和人员来办理保险社，同时对相关人员进行短期培训，使之具有初步的社会保险知识。虽然距离专业人员办理的理想状态差距甚远，但是对于保险社业务的推行，还是起到很大的作用。各场保险社的开办都采用这种模式，利用现成的行政资源，较好地解决了人员、资金缺乏的问题。同时，社会部人员在巡回指导办理保险社的过程中，注意到限于经济因素，盐工伤害、疾病给付往往不能实现。为"适应当地社会习俗，符合盐工实际要求"，社会部将女性生育保险变更为婚娶和家属丧2种保险并予以实行。川北盐工全部都是男性，其生活的环境并不是工业化的都市，而是分散的、以家庭关系为主的农村宗法社会，传宗接代、养老送终是他们的责任，婚娶给付和家属丧给付可以给被保险盐工一定的帮助。尤其是婚娶保险，虽然严格来说并非社会保险内容，然而婚娶给付一方面满足了青年盐工结婚时的需要，另一方面也"提高了一般盐工的兴趣，减少了当时开办盐工保险的阻力"②。

---

① "报告协助川北盐务管理局筹办盐工保险情形（1942年9月17日）"，中国第二历史档案馆馆藏档案，档案号：十一-6441。

② "吴学峻报告（1946年2月）"，中国第二历史档案馆馆藏档案，档案号：十一-6441。

从绵阳保险社 1946 年的报表来看，全年共有 26 人申请给付，其中婚娶给付 9 人，每人 7200 元；死亡给付 13 人，每人 36000 元；家属丧给付 4 人，每人 7200 元。[①] 其中死亡占 50%，婚娶占 35%，家属丧占 15%。事实证明，这为盐工解决了生活中的实际问题，青年盐工对婚娶保险十分欢迎。"这十个保险社成立以来，盐工和灶户两方面都感觉得非常满意，且能同心协力推动这种新兴事业。"[②]

其三，川北盐工保险实践因受经济发展因素的制约，注定只能成为一种维护基本生产生活的权宜之策。

社会保险作为一种制度安排，国家起主导作用，在保险费用的承担上，常采用国家、雇主、工人三方分担的形式。但受川北社会经济落后等因素的制约，川北盐工保险存在许多不足之处。在保险费的缴付上，没有体现国家、雇主、个人三方分担保险的原则；在保险项目的办理上，不能开办全部保险项目；在保险给付上，主要限于死亡、婚娶和家属丧 3 种。早在 1936 年，吴至信根据自己的调查指出："在中国以工人自己之力量，万不能发展健全之保险事业。倘就中国工人之收入一点立论，……不论何种保险，国家与雇主须共负担保险费三分之二以上之责任，否则难以发展。"[③] 川北盐工保险的保险费由盐工和灶户（即雇主）分担。代表国家的国民政府在承担保险费上的缺席，这或许是受战时国民政府经济能力不足的限制，但是，对于川北盐工保险实践来说，何尝不是吴氏见解的实际说明呢？！

在开办川北盐工保险的 5 年时间中，诸如保险项目、保险给付等方

---

① "川北区绵阳盐场盐工保险社及其活动情形"，中国第二历史档案馆馆藏档案，档案号：十一－6939。

② 包国华：《卅七年度中央社会保险局筹备处中心工作》，《社会工作通讯月刊》第 5 卷第 1 期。

③ 吴至信：《中国劳工福利事业之现状》，《民族杂志》第 4 卷第 10 期。

面，没有完全按照最先通过的《川北区各场盐工保险暂行办法》实施。对于被保险人来说，保险给付最能体现保险意义所在。暂行办法规定了6 种保险，其中最为盐工需要的是疾病和负伤险种，但在保险给付中反倒没有考虑进来。究其原因，还是在于一个"钱"字。川北盐工保险办理之初，就因为"此六种给付之中实以负伤与疾病两种最大，各场开办之初，仅办死亡与养老两种给付"。后来开办的婚娶和家属丧，也是在三台"绰有余裕"地办理养老、死亡给付 1 年后，见其"大致可以平衡"才增加的。[①]而养老给付则要求年满 60 岁、失去工作能力时才有资格申请，在盐工流动较为频繁的情况下，很少有人具有申请资格。特别是抗战胜利后，出现金融危机，物价飞涨、币值大跌，盐工保险更受到经济因素的影响。1948 年，社会部准备将标准报酬改为 12 万元以扩展盐工保险业务。[②] 但是，"1948 年 1~8 月间，法币大为贬值，5 万~6 万元才合今人民币 1 元"[③]，这样情况下的盐工保险业务非但得不到发展，其安定盐工生活的根本宗旨更是难以得到体现。

第七节　东北公营企业劳动保险

东北公营企业战时劳动保险是中国共产党在东北解放区进行的劳动保险制度的实践。这里所指的公营企业是指东北解放过程中没收的日伪和国民党官僚资本工业，当时其中重工业、军事工业和其他大型工厂归东北解放区经营管理，称为国营工业，归省、市、县经营管理的中小型

---

①　"签复福一字第七五九四三号指令由"（1944 年 12 月 16 日），中国第二历史档案馆馆藏档案，档案号：十一--6441。

②　"社会部三十七年度上半年工作进度检讨报告表"，中国第二历史档案馆馆藏档案，档案号：十一-2-2119。

③　陈明远：《文化人的经济生活》，文汇出版社，2005，第 277 页。

工厂称为公营工业。在这些企业中实施劳动保险有以下两方面原因。

第一，东北全境已经没有战争，拥有和平的环境，有实施劳动保险的基础。1948 年 11 月 2 日，随着辽沈战役的胜利推进，人民解放军攻占沈阳，东北率先在全国获得解放。东北地区的战争结束，这就意味着中国共产党东北局在该地区的工作必须迅速由战争转向恢复生产，为解放战争向平津、华北乃至全国的胜利推进提供一个巩固的战略后方。东北的工业基础较好，国营经济比重较大，资源丰富，交通便利，城乡间物资交流顺畅，使东北局在"原封不动，各按系统，自上而下，先接后分"的接收政策下，能够在稳定物价、保障供应、安定社会、恢复生产方面有效地工作，有了实施劳动保险的基础。

第二，东北是全国最大的重工业区，企业和工人集中在城市，有实行劳动保险的必要性。沈阳及其周围城市鞍山、本溪、抚顺是重要的优质煤、铁、钢生产基地，大规模工矿企业较为集中，仅沈阳一地就有八大战略性工厂：沈阳兵工厂、有色金属冶炼厂、重型机械厂、铁路机车厂、铁路车辆厂、沈阳化工厂、橡胶厂、造纸厂。东北城市集中了大量的工厂职工，"据统计，工人有 347714 名，最老的产业工人——铁路工人有 78000 人。工业部所属，包括林业、金矿、煤矿、造纸等有工人 138980 名。军工部所属有 2 万余工人。军需部所属有 33000 名工人。在各省，合江有 6656 名工人，黑龙江有 4520 名工人（包括石膏、火磨），松花江有 4039 名工人，哈市有 2237 名工人，辽北有 29962 名工人，辽宁省有 6934 名工人，安东有 14390 名工人，辽南行署有 30619 名工人。其中，1/3 为熟练工人，还有技术人员，还有日人、俄人等"①。在恢复生产的过程中，企业职工对新政权的认识

---

① 《关于工业生产问题（1948 年 4 月 20 日）》，《王首道文集》，中国大百科全书出版社，1995，第 95 页。

和拥护、生产积极性的提高都有赖于在生产管理中他们自身利益得到有效保障。早在 1948 年 8 月第六次全国劳动大会在哈尔滨召开之际，中共中央东北局副书记陈云在做《关于中国职工运动的当前任务》的报告时，指出解放区职工运动应该在全新的方针和政策下进行。《关于中国职工运动当前任务的决议》明确指出："在工厂集中的城市或条件具备的地方，可以创办劳动的社会保险"；还对保险办法实施给予了建议：将劳动保险和职工福利合而为一处理，即凡属职工之伤亡、残废、疾病、老弱及贫寒家属的救济等项，均由工厂每月按工资总额的多少拨出若干份作劳动保险基金，交由工厂和工会等各方面共同组织的职工福利委员会统筹解决。①

1948 年 12 月 27 日，东北行政委员会劳动总局会同东北职工总会，颁发了《东北公营企业战时暂行劳动保险条例》，随后又发布了《东北公营企业战时暂行劳动保险条例试行细则》，以实行劳动保险制度来保护公营企业中工人与职工的健康，减轻战时困难。《东北公营企业战时暂行劳动保险条例》将一切公营企业中有正式厂籍与固定工作岗位的职工确定为劳动保险对象，向各公营企业征集标准为工资支出总额的 3% 的劳动保险金，劳动保险项目包括因公负伤残废与因公死亡之恤金，疾病及非因公伤残废医药补助金，职工及其直系亲属之丧葬补助金，有一定工龄的老年工人生活补助金和职工生儿育女补助金等，其详细内容如表 4-12 所示。保险金由企业（国家）支付，职工不缴纳任何费用。业务办理以工会为主，协同行政办理，基金收支由职工负责监督审查。

---

① 《中国历次全国劳动大会文献》，工人出版社，1957，第 412、417~418 页。

表 4-12　《东北公营企业战时暂行劳动保险条例》有关劳动保险

种类、给付条件和标准的规定

保险种类	给付条件	给付标准
疾病	职工疾病连续在 3 个月以内	按职工在该企业工作的年限付给相当于本人工资 50%～100% 的工资补助金；全部医疗费用由企业承担
	职工疾病连续在 3 个月以上	由保险基金支付疾病救济金，其数额为因公残废金的半数，企业负担全部医疗费
生育	被保险人生育	产假：产前、产后共给假 45 天。工资：由企业支付全部工资。补助：由保险基金支付相当于 5 尺白市布的市价额作为生育补助金
负伤	因公负伤和非因公负伤	由企业付给治疗时期的全部工资并负担全部医疗费，与疾病待遇相同
残废	因公残废和因公积劳成疾	按照残废程度，由劳动保险基金每月付给相当于本人工资 50%～60% 的残废恤金，至本人老死为止
	非因公残废	残废救济金相当于上述恤金的半数，由保险基金支付至能工作时为止
退休	男年满 60 岁，工龄 25 年；女年满 50 岁，工龄满 20 年。但下井矿工，有害身体健康的化学工厂，年满 55 岁年，工龄满 20 年即可	在本企业工龄长短，由保险基金每月支付本人工资 30%～60%
死亡	职工因公死亡	丧葬费：由本企业支付，数额不得超过本人 2 个月工资。抚恤金：按在本企业工作时间，保险基金支付本人工资 15%～50%，以 10 年为限
	病殁	丧葬费：由保险基金支付相当于本人 1 个月工资的丧葬补助金。抚恤金：按在本企业工作时间，由保险基金支付本人工资 3 个月至 1 年工资的救济金

　　说明：①因公负伤治疗时期的全部工资，因公死亡职工的丧葬费，患病或非因公负伤 3 个月以内的工资及女职工产假期间的工资，由企业直接支付，不由保险基金支付。这些规定与后来的1951 年和 1953 年《劳动保险条例》的规定完全相同；

　　②因公残废恤金按照残废程度，由保险基金中支付工人工资的 50%～60%，至本人老死为止。它的半数是相当于本人工资的 25%～30%。1949 年 3 月公布的"试行细则"中规定，非因公疾病和非因公负伤残废的，按在本企业工作时间的长短，发放本人工资的 10%～30%，救济金发至本人能工作时为止；

　　③供养直系亲属待遇。医疗：可在本企业所办的医疗所免费治疗，酌减药费。丧葬费：由保险基金支付职工本人 1 个月工资的 1/3 作为丧葬补助金。遗属抚恤：与"死亡"中的抚恤费相同；

　　④非工会会员的待遇：疾病、养老、死亡丧葬费、生儿育女等补助金，只能领取相当于会员的半数。

　　资料来源：严忠勤：《当代中国的职工工资福利和社会保险》，中国社会科学出版社，1987，第 290 页。

1949 年 1~3 月，实行劳动保险的准备工作首先在东北的铁路、矿山、邮电、纺织、军工、军需、电气七大行业进行。各企业开办劳保训练班培养干部、工会小组设立劳保干事，在广大职工中进行宣传和解释，完成繁杂的登记工作；同时建立起各级劳动保险委员会和基层劳动保险金审核委员会。这其中以铁路系统的工作做得最好，《火车头报》设立了"劳动保险专刊"，哈尔滨总工会还举办了培训班。准备工作就绪后，4 月 1 日，《东北公营企业战时暂行劳动保险条例》正式在七大国营企业实行，进展顺利，取得了较好的效果。从 7 月 1 日起，劳动保险扩大到全东北正式开工复业、固定生产的所有公营企业。因为出现"劳动保障实施方面，强调个体的、消极的、救济性质的生养死葬，而忽视真正保障劳动的、集体的工人劳动福利（如医药、卫生、食堂、澡堂、合作社、托儿所，修养所等）"[①]的情况，1949 年 10 月开始，劳动保险又和加强卫生安全工作相结合，采取改善医疗设施、建立疗养所等具体办法以预防和减免疾病伤亡的发生。从表 4-13、表 4-14 可以看到当时东北国营、公营企业职工所享受劳动保险的情况。

表 4-13　东北国营企业享受劳动保险人数简表
（1949 年 4~10 月）

企业名称	铁路	煤矿	纺织	邮电	电业	鞍山钢铁公司	本溪煤铁公司	总计	百分比（%）
因公残废	84	28	4		5	20		231	0.59
因公死亡	136	170	4	4	22	18	38	392	1
疾病救济	618	229	65	52	63	8	98	1133	2.88

---

① 《关于工会工作给毛泽东的信（1949 年 7 月 22 日）》，《李富春选集》，中国计划出版社，1992，第 71 页。

续表

企业名称	铁路	煤矿	纺织	邮电	电业	鞍山钢铁公司	本溪煤铁公司	总计	百分比（%）
残废救济	4	41			5			50	0.13
死亡救济	522	22	52	26	46	47	88	993	2.53
职工死亡与丧葬	42	347	30	25	34	47	43	947	2.4
直系亲属死亡与丧葬	4844	1448	263	165	333	488	287	7828	19.93
在职养老生活补助	1229	781	16	9	46	61	145	2287	5.82
退职养老生活补助	16	176	6		3	1	6	208	0.53
生育儿女补助金	13880	6450	834	726	1350	1284	689	25213	64.18
合 计	21754	9972	1274	1007	1907	1974	1394	39282	100

资料来源：《东北国营企业劳动保险基金收支状况表》，见《东北公营劳动保险工作的第一年》，东北总工会劳保部制。

表4-14 东北公营企业享受劳动保险人数简表

（1949 年 7 ～ 10 月）

企业名称	哈尔滨市总工会	佳木斯市总工	安东市总工会	抚顺市总工会	鞍山市公营企业	盐业总工会	总计	百分比（%）
因公残废		2		2			4	0.24
因公死亡	4	2	1	3			10	0.60
疾病救济	13	20	28			1	62	3.73
残废救济		4					4	0.24
死亡救济	8	1	10	8			27	1.62
职工死亡与丧葬	11	1	7	1		9	29	1.74
直系亲属死亡与丧葬	65	7	57	25	2	10	166	9.98
在职养老生活补助	50	52	119	11			232	13.95

续表

企业名称	哈尔滨市总工会	佳木斯市总工	安东市总工会	抚顺市总工会	鞍山市公营企业	盐业总工会	总计	百分比（%）
退职养老生活补助		1		4			5	0.30
生育儿女补助金	447	98	355	119	6	98	1123	67.53
合　计	598	189	577	173	8	118	1663	100

资料来源：《东北公营企业（各省市）劳动保险基金收支状况表》，见《东北公营劳动保险工作的第一年》，东北总工会劳保部制。

　　从统计数据来看，东北劳动保险在实施中，各项保险项目所占比例不一，女职工生育保险、直系亲属死亡与丧葬救济、在职和退职职工养老保险位列前三，其中以女职工生育保险为最高。"仅以实施劳动保险之第一个月即四月份来看，铁路 2642 享受人中生育儿女有 1748 人，占享受人数百分之六十六；煤矿 1211 人中有 515 人，占享受人数百分之四十二；纺织 125 人中有 59 人，占享受人数百分之四十六；邮电 43 人中有 25 人，占享受人数百分之五十八；电业 151 人中有 113 人，占享受人数百分之七十四；鞍钢 99 人中有 38 人，占享受人数百分之四十；本溪 151 人中有生育儿女为最少——9 人，占享受人数百分之六。"[1] 从劳动保险基金收支情况来看，劳动保险基金的收入能够满足支出需要。国营企业 1949 年 4～10 月劳动保险基金收入为工薪分[2] 6917672.99，加

---

[1]　"东北国营企业劳动保险登记人数及享受人数比率表"，《东北公营劳动保险工作的第一年》，东北总工会劳保部制。

[2]　工薪分是东北解放区以实物为基础的报酬制度，目的是保障职工收入不受物价上涨的影响。"1949 年 5 月 20 日，东北行政委员会第二次修改后的实物基础是：混合粮 1.53 市斤，白解放布 0.2 方尺（0.066 ㎡），豆油 0.035 市斤（10 两制市斤，折合 17.5 克），海盐 0.045 市斤（10 两制市斤，折合 22.5 克），烟煤 5.5 市斤。"这些实物的时价相加，就等于一个"工薪分"的折合货币值。参见郝雨《依·工薪分·折实单位·工资分》，《中国社会保险》1994 年第 1 期。

上杂项收入，共为 6960665.70。除 10 项支出外，加上集体事业费、杂项损失，共支出 2879611.25，结存 4081054.45。公营企业 1949 年 7～10 月劳保基金收入分数为 383833.50，除 10 项支出外，加上集体事业费、杂项损失，还结存 271230.10。①

从 1948 年 12 月 27 日颁布《东北公营企业战时暂行劳动保险条例》，到 1951 年 3 月 1 日《中华人民共和国劳动保险条例》实施前，东北共有 420 多个厂矿的 79.6 万名职工享受到了保险待遇②，从 1949 年 4 月到 1950 年 3 月，"第一年中，东北各公营企业就支出了各项补助金、救济金、抚恤金五百多万东北工分"；截至 1950 年 6 月，"共支出了劳动保险总基金一千四百余万东北工分。除按照条例支付工人、职员应得的各项保险费外，还利用这些基金，举办了职工养老院、疗养院、休养院、残废院和保育院等集体的劳动保险事业。全东北有六十多万职工，全部享受了劳动保险待遇，还有一百五十万职工家属，也得到了劳动保险的照顾"③。仅吉林一省，在 1949 年底就有 70 个国营和公营企业 11949 名职工享受到医疗保险，共用 36014 万元（东北币）。到 1950 年底，仅吉林省"施行战时劳动保险的工矿企业有 69 个，享受保险待遇的职工人数为 22493 人，企业共支付劳保费用 778383 工分"④。无可置疑，东北公营企业战时劳动保险起到了相当大的作用，产生了积极影响。

其一，保护了工人的切身利益，提高了工人工作的积极性，有利于东北工业生产的恢复和发展。

---

① 《东北国营企业劳动保险基金收支状况表》《东北公营企业（各省市）劳动保险基金收支状况表》。原表见《东北公营劳动保险工作的第一年》，东北总工会劳保部制。
② 严忠勤：《当代中国的职工工资福利和社会保险》，中国社会科学出版社，1987，第 300 页。
③ 《切实执行劳动保险条例》，《工人日报》社论，1951 年 2 月 27 日。
④ 任国栋：《吉林省社会保险历程回顾》，《劳动世界》2001 年第 1 期。

东北解放区是中国共产党在全国解放战争中取得的胜利,中国共产党在东北面临着发展生产、支持全国解放战争的重任。中国共产党东北局在该地区的工作必须迅速由战争转向恢复生产。而工人、职工是恢复生产的主力,在面临大的政治变局的情况下,不少工人消极对待复工,甚至有老年工人为自己养老留后路,不愿传授给青年人生产技术。劳动保险的实施,解除了他们的后顾之忧,尤其是老年职工和女职工受益后明显转变了观念。老年工人对劳动保险最为满意,因为他们的养老有了保障,过去曾经有意保留技术而借此养活自己的思想也得到改变,愿意将技术传给徒弟。苏家屯机务段马成举说自己过去不愿传授技术,是怕教会别人饿死自己,"现在有了劳动保险我还留它干什么"。65 岁的老工人高发说:"劳动保险比儿子还可靠,我更不怕了,好好干吧!"① 女职工以前没有生育假和补助金,"有了孩子就失业",与此形成鲜明对照的是,"齐齐哈尔铁路工友李兆和的妻子,在实施劳保的头一天四月一日生了双生子,沈阳新新工厂工友韩春昱之妻一胎三子,均发给补助金,成为职工们对开始实行劳保的喜谈"②。女职工纷纷表示"现在工厂对咱这样好,不好好干,就对不起人"③。工人们积极性的提高有助于生产计划的实现,"1949 年东北的煤炭、钢铁、机械等生产都超额完成了计划,成为 1950 年全国经济恢复的一个支点"④。

其二,取得了工人、职工的支持和信任,有利于政权的巩固,支持全国的解放。

---

① 《劳动保险工作专辑》,湖北省人民政府劳动局印,1951,第 81 页。
② 《东北公营劳动保险工作的第一年》,东北总工会劳保部制,第 58 页。
③ 《东北公营劳动保险工作的第一年》,东北总工会劳保部制,第 7 页。
④ 范胜丽:《解放战争与东北老工业基地的初创》,《吉林工程技术师范学院学报》(教育研究版)2004 年第 10 期。

社会保险制度，是执政党的社会政策之一。其不仅保护社会成员的生活，也有利于社会的稳定和发展。东北解放之初，对新政权持观望态度的人不少，企业职工对新政权的认识和拥护、生产积极性的提高都有赖于在生产管理中他们自身利益得到有效保障。东北劳动保险的实施，使工人们过去面临疾病、伤残、生育、死亡时的无助局面得到根本改变，发自内心地拥护新政权，"工人们说，以前当牛当马，有的被冻死，有的被饿死，现在有了劳动保险，生老病死都有了保障，从此以后，工人真的就当家作主了，一定要加倍工作支援前方打胜仗"[①]。工人们把过去的生活，与现在的劳动保险条例对照起来，自然喊出人民政府万岁、毛主席真是我们的救星的口号，"这是东北劳动保险条例实施以后的情况，是已经得到证实的"[②]，充分体现了社会保险制度具有的政治性特点。

其三，培养了干部，积累了管理经验，为其他地区乃至全国劳动保险的推行奠定了基础。

在东北解放区推行劳动保险，由各行业总工会的劳动保险委员会及基层工会的劳保部进行管理。东北人民政府劳动部部长唐韵超说得最多的话就是："工会要主动为工人办实事，办好事，要让工人看得见，用得上，使工人真正体会到当家做了主人。"[③] 工会系统的工作人员在工作中解决了不少实际问题。例如女职工生育保险待遇规定是"五尺白市布"，实际给付中出现折合现金多少、生双胞胎是否不同的问题，东北劳动部秘书长郗占元确定下来："要按当时当地国营贸易公司的市价发给，当时折合为 4 块钱。……生育儿女的补助金，在产

---

① 夏波光：《郗占元和劳动保险》，《中国社会保障》2011 年第 8 期。
② 《东北公营劳动保险工作的第一年》，东北总工会劳保部制，第 60 页。
③ 刘影：《唐韵超的传奇人生》，《中国社会保障》2011 年第 8 期。

前的一个月内由劳动保险基金发给，如果是双生子，产后再补发一份。一共 8 块钱。"而当时东北劳动总局留用的国民党统治时代的会计、统计人员每月工资为"一块钱"①。

随着解放战争的胜利推进，解放区迅速扩大，天津、太原、石家庄等重要城市解放后，不少地区和单位根据自身经济条件，参照《东北公营企业战时暂行劳动保险条例》制定了社会保险办法，如晋冀鲁豫边区军政军工处职工总会财经办事处于 1949 年 2 月 25 日颁发了《劳动保险暂行办法》，太原市军事管制委员会 1949 年 7 月 5 日开始实施的《太原市国营企业劳动保险暂行办法》，中国人民革命军事委员会铁道部 1949 年 8 月实施的《铁道部职工抚恤暂行办法》，华北人民政府 9 月实施的《公共企业部兵工局职工劳动保险暂行办法》等。在各地实施劳动保险的基础上，1951 年 2 月 26 日《中华人民共和国劳动保险条例》正式颁布，开始了我国社会保险事业的新阶段。

---

① 卓然：《回忆东北的劳保岁月》，《中国社会保障》2011 年第 8 期。

结　语

——关于民国时期社会保险的几点认识

一　民国时期社会保险制度的历史作用

从上述各章内容来看，我们已分析了民国时期社会保险产生的历史背景及思想渊源、理论基础，并探析了这一时期社会保险立法、社会保险行政及实务，总之，民国时期"我国的社会保险制度进入草创阶段"①。正是从这一点出发，笔者认为，南京国民政府时期的社会保险制度是应该予以肯定的。

其一，这一时期对以社会保险为基本内容之一的新型社会保障制度的尝试，在一定程度上改变了几千年来以社会救济为中心、以家族及宗族为依托的传统社会保障模式，顺应了历史发展的大趋势。

民国时期，中国的工业化和城市化有了初步发展，劳工及其他职工群体的收入来源及社会生活方式均发生了重大变化，同时，也出现了以往农业时代所未有的劳动风险和工业伤害，在此情况下，以自给

---

① 　朱汉国主编《中国社会通史·民国卷》，山西教育出版社，1996，第542页。

自足为特点的小农经济基础上的社会保障制度，已经不能满足实际需要了。我们知道，中国传统的社会保障体系主要由政府举办的救济、宗教团体（主要是佛教的寺院）举办的慈善事业、家族内的互相扶助以及明清时期以来商人所办慈善事业四个方面构成。① 从最普通的家族内的互相扶助来看，由于城市化的影响，聚族而居的大家庭日益解散和现代小家庭的日益增多，这种家庭已不可能完全承担个人生老病死等方面的生活保障，还有赖于新的社会保障制度的创立。宗教团体和商人所办的慈善事业，虽然在民国时期有很大发展，但大多为临时性的措施，不能根本解决其困境。还应看到，政府所举办的社会救济的对象，主要是农村灾民和城市中没有生活来源的人，劳工及其他职工群体不在其保障范围之内。所以，与工业发展紧密相连的劳工群体及其他职工群体的保障，不能采用传统方法解决，只能参照欧美已经行之有效的社会保险制度加以解决。于是，社会保险便逐渐成为民国时期社会保障制度建设的基本内容之一。

南京国民政府时期，新的社会保险制度的草创，在一定程度上解除了劳工及其他职工群体的后顾之忧，增强了他们的生产积极性，有利于私营和国营企业生产效益的提高，这就在一定程度上使劳资关系得以改善，也有利于社会秩序的稳定。

其二，社会保险制度的初创，为中国现代社会保障制度的建立提供了崭新的内容及有关立法经验。"在社会的大变革时期，社会保障方面的法律制度往往容易得到确立。"② 民国时期是我国社会转型时期，社会保障制度也相应地要发生重大变化，这是因为，社会生活各方面也发生了剧烈的变化。为适应这一变化，必须建立社会保险制度。

---

① 龚汝富：《浅议中国古代社会保障体系》，《光明日报》2001 年 12 月 4 日。
② 郑功成：《社会保障学》，商务印书馆，2000，第 374 页。

对于劳工及其他职工群体来说，这种具有强制性的社会保障制度，正是解除他们困境的良策，因为这是可以得到法律保障的。早在北京政府时期，劳工立法业已产生。至全面抗战爆发前，南京国民政府制定了《劳动保险草案》和《强制劳工保险法草案》，并在《工厂法》中规定了生育保险、伤残保险的内容，这样，中国比较全面的社会保险立法开始出现。全面抗战爆发后，社会保险立法又有了新的发展，《社会保险法原则草案》《社会保险方案草案》《伤害保险法草案》《健康保险法草案》及《公教人员保险法草案》相继拟订，为战后制定和颁布新的社会保险法案奠定了基础。1947 年 10 月，国务会议通过的《社会保险法原则》，对保险宗旨、种类及管理方式等作了具体规定。更重要的是，这一时期，社会保险制度已载入宪法。1947 年 12 月 25 日宣布实施的《中华民国宪法》第 155 条确定了"国家为谋社会福利，应实施社会保险制度"的原则。这就表明，社会保险已成为国家政治制度的一部分，这是一个划时代的进步。

与此同时，革命根据地的社会保险立法也在积极进行。早在第一次国内革命战争时期，中国共产党颁布了《中华苏维埃共和国劳动法》，以一章的篇幅规定了社会保险的基本政策。抗日战争时期，先后颁布了《陕甘宁边区战时公营工厂集体合同准则》《晋冀鲁豫边区劳工保护暂时条例》等社会保险法规，其中，对疾病保险、伤残保险等方面的规定较为详细。抗战胜利后，鉴于东北根据地的工业基础较雄厚，有实施社会保险的基本条件，于是，中国共产党颁布和实施了第一部较为完整和专门性的社会保险法规——《东北公营企业战时暂行劳动保险条例》。这一重要法规的实施和推广，对新中国成立后社会保险制度的普遍推行，提供了成功的经验。

从民国时期上述有关社会保险立法的情况来看，国共两党实际上分别选择了西方社会保险与苏联国家保险两种不同的社会保障模式，它们"后来分别被由国民党执政的台湾地区和共产党执政的中国内地在建立自己的社会保障制度时有所参照或继承"①。国民党在败退台湾后，于1950年颁布《劳工保险条例》，开始了中国台湾地区以社会保险为核心的现代社会保障制度建设。中华人民共和国成立后，中国共产党总结了根据地时期实行劳动保险的经验，并根据新中国成立以来的实际情况，于1951年2月26日公布了《中华人民共和国劳动保险条例》（1953年1月2日政务院修正公布），走上了国家保险的保障之路。可以说，民国时期社会保险立法，开启了当今中国大陆地区和台湾地区不同的社会保障之路，并且对当今社会仍有影响。

其三，民国时期的社会保险制度及理论体现了社会正义和社会公平。正义和公平是维持社会秩序的尺度。"社会保险一词，含义原极宽广，概括言之，就是政府利用法律，按危险分担的原理，来策动社会力量，来发扬互助合作的精神，从而保障人群生活，策进社会安全的经济制度。"具体而言，社会保险为人民应享有的权利，实施社会保险是现代国家应有的责任。与传统的社会救济相比较，社会保险制度与以往统治阶层的"恩惠"观念形成鲜明对比。陈煜堃指出："在这个制度下，所有国民由出生以至死亡，整个生存过程都受到相当的保障，使任何人都能达到安居乐业、仰事仰蓄的伦常要求，使整个社会没有一点缺陷"，"故为政府应有的措施，国民应有的享受"②。新的社会保险制度的建立，不仅加强了国家在社会经济生活中的主导作用，而且通过国民经济收入的再分配政策，以保障参保国人的基本生活水平，维持生产力的正常发展和社会稳定，在一定程度上体现了社

---

① 郑功成：《社会保障学》，商务印书馆，2000，第403页。
② 陈煜堃：《社会保险概论》，南京经纬社，1942，第12页。

会正义和社会公平。正如当时学者所指出的："由提高劳工生活以谋社会整个之改良，在今日已成为各国之共同目标，无论各国之工业化已臻如何程度，若欲实现人类理想中之和平与幸福，其途径实舍此而莫由。"① 社会保险即是提高劳工生活水平的一种重要方式，它的实施为现代文明的一种标志。现代保险观念逐渐取代传统善政观念，现代社会保险在社会保障中的重要作用渐为政府和国人所重视，这是历史的进步。

二　民国时期社会保险的宝贵经验

其一，社会保险制度的建立要与一定社会经济发展水平相适应。民国时期，随着工业的初步发展和城市化的推进，在中国沿海和长江中下游地区，逐渐产生了以劳工及其他职工群体为主要对象的社会保险。综观这一过程，我们不难发现，越是现代经济发达的地区，其社会保险政策的实施就越顺利。同时我们也看到，作为民国时期工商业最为发达的城市上海，其社会保险政策的实施程度，在全国首屈一指。1928 年英美烟草公司、亚细亚火油公司、商务印书馆、南洋烟草公司都在上海办有职工储蓄。1929 年 9 月上海市公安局、1930 年上海市公用局和上海市社会局、1934 年上海市公务局等也都办理了不同形式的职员储蓄保险。②

与此相区别的是，在中部和西部地区，除武汉、重庆、昆明等极少数城市外，社会保险政策的推进十分艰难。由此，我们可以得出结论：在工商业发达的大城市，在一些经济效益较好、管理水平较高的

---

① 吴至信：《中国惠工事业》，载李文海主编《民国时期社会调查丛编·社会保障卷》，福建教育出版社，2004，第 109 页。
② 汪华：《近代上海社会保障研究（1927-1937）》，上海师范大学博士学位论文，未刊稿，2006，第 80 页。

企业，往往能够主动采取社会保险政策或具有这种政策性质的社会保险待遇，如女工生育给假、提供津贴和退职金、职工储蓄等。

30 年代中国共产党在苏区颁布《劳动法》，举办社会保险，其中就有很多规定超越了苏区的实际情况。例如，《劳动法》规定，工厂为工人建筑的宿舍，须无代价地分给工人及其家属居住；职工的家属也享受免费医疗服务；工人和职员若暂时丧失劳动能力，雇主须保留他原有工作、地位和原有的中等工资；等等。在以农业和手工业经济为主的苏区，这些规定不符合当时的经济状况，无法实施。由于在部分地区强制推行，既不利于生产的发展，又不能使劳动者真正得到实惠，结果，工农联盟和红色政权的巩固受到影响，这是一个历史的教训。1933 年修订的《劳动法》对此进行了调整，规定丧葬费不得超过被保险工人 1 个月工资；被保险人若领取失业津贴，除了应达到规定的时间外，还要求雇主必须事先为被保险人缴纳保险费。新的《劳动法》比较符合根据地的实际情况，它的实施，对于真正调动广大工人的生产积极性，发展苏区经济，巩固工农联盟和红色政权，起了很大的作用。

其二，在国家提倡建立社会保险制度的前提下，劳工及其他职工群体与企业主的认识程度，是社会保险制度推行的关键。社会保险作为一种新的制度业已由政府逐渐推广的时候，劳工及其他职工群体，因涉及其切身利益，无疑是拥护的。因为，他们受到外国资本、国家资本和民族资本的盘剥，其生存处于不同程度的困境中。早期劳工完全没有人身自由，更无法享受政治权利。北京政府时期，为强化劳工管制约束，更是动辄处以有期徒刑、拘役、罚金等处罚措施，劳工群体在恶劣的环境中，长时间进行透支劳作，却要以微薄的工资维持着一家人的生活，一旦面临失业、疾病、伤残、衰老等情况，生存便没有保障。20 世纪 20 年代，上海、青岛的纺织女工提出生育保险的要求，安源路矿工人提出疾病、养老保险的要求，就是这一情况的反映。30 年代初期，尽管国民政府实行扶助农工的政策，加强了劳工立法，劳工群体生存状况有所改善，但他们仍强烈要求政府进一步实施社会保险制度。但另一方面，有些劳工群体，因为以出卖劳力为生，他们基本的希望只是免于饥饿，免于病痛，对社会保险制度的认识，或者肤浅，或者完全不知道这回事。40 年代，陈达在调查这一情况后认为，在他所调查的个案中，在工人迫切需要的福利中，似乎很少有人提出社会保险。[①] 从上述情况看来，社会保险制度的推行，一方面，是劳工及其他职工群体的要求，势在必行。另一方面，还需要向他们介绍社会保险的基本知识，使之觉醒，自愿参与实行这一制度。

由于学界和知识分子的呼吁与宣传，劳工及其他职工群体对社会保险的认识逐渐增强。第一次世界大战后，中国知识分子从风起云涌的劳工运动中得到启示，中国劳工问题的解决要有新的社会政策。此时，一些学者在调查工厂和工人生活后，撰写文章，提出了解决这一问题的途径。有学者指出："我们希望的社会主义既不能一期实现，而我们工人的病苦又有加无已。在此种状态之下，为临时救急的法子，只有实现社会政策，改良工人的待遇，保护工人的疾苦。"[②] 这种呼声反映了当时中国先进的知识分子对劳工政策的深层思考。与此同时，有学者还特别强调通过强制性的法制力量，来实行社会保险制度，以此作为劳工群体生活保障的重要政策。他们敦促政府尽早颁布社会保险法案，要求将保险的内容写入教材，纳入课堂。甚至要求派遣留学生时，给社会保险学专业分配名额。此外，知识界还不遗余力地介绍

[①]　陈达：《我国抗日战争时期市镇工人生活》，中国劳动出版社，1993，第 537 页。
[②]　若愚：《德国劳工各种保险组织》，《东方杂志》第 17 卷第 10 号。

西方社会保险学说及制度，以在中国逐步实行强制社会保险制度。此后，社会保险逐渐得到政府的重视，并且产生了初步的社会保险立法和社会保险工作。

就在这一时期，有些开明的企业主从传统的慈善观念和提高自身经济效益出发，开始关注劳工保险这一重要问题，甚至推行团体寿险等商业形式的社会保险，以协调劳资关系，发展生产。商务印书馆的员工寿险和资源委员会的团体寿险也是为实现这一目的。这正如吴至信在 1937 年调查后所认为的，包括保险和储蓄在内的惠工措施，"其成功之主要关键，以雇主自觉为最要。政府督促或工人要求，虽不能否认其力量，但常只获得表面或暂时之设施，有时反而阻滞其他惠工事业之正常发展，此为吾人至堪寻味者也"①。究其原因，我们从昆明电工器材厂的有关政策中可以得到验证。该厂在 1938 年 12 月公布实行的《电工器材厂工人保健金章程》中规定，"染有疾病而不能工作之工人及分娩女工"的保健金，按职工每月工资的一定比例和厂方的一定津贴提取，这一制度被认为是"欧西各国'强制工人疾病保险制度'及'强制女工分娩制度'之和"。黄开渌在 1939 年资源委员会的有关视察报告中写道："电工器材厂之最高劳工行政人员已为总经理，在本会未决定奉行国家劳工法规，而又未颁有工人管理通则及福工标准之前，则总经理有无正确的生产政策，即可决定该厂劳工行政是否合理。可见制度（即法制）未确立之时，即为人治。"② 这就是说，电工器材厂在未正式建立社会保险制度之前，有关社会保险措施以"人

---

① 吴至信：《中国惠工事业》，载李文海主编《民国时期社会调查丛编·社会保障卷》，福建教育出版社，2004，第 117 页。

② 昆明电工器材厂办有工人保健金制度。"资源委员会黄开渌视察在滇各厂矿劳工状况的报告（1939 年 7 月）"，中国第二历史档案馆编《中华民国史档案资料汇编》第 5 辑第 2 编财政经济（二），江苏古籍出版社，1998，第 466 页。

治"的方式实行，实际上已是借鉴西方的社会保险政策。由此我们认为，该厂已经实际上实行了社会保险政策。

现在的问题是，像昆明电工器材厂这样开明的企业主比较少，多数企业主并不认为社会保险政策一定要实行，因为这意味着他们要付出一部分经费。20 世纪 30 年代，南京国民政府在其颁布的《工厂法》和《工厂法施行条例》中，对工人的工作时间、最低工资水平、童工女工的保护等作出了相应的规定，并要求资方要给工人提供必要的安全设备和工人教育、宿舍、休假等福利，但遭到资本家的抗议。有学者指出，对政府的上述法规，"工业界的领袖，马上提出了许多怀疑和反对的意见。有的说工厂法是过于急进，决不能实行；有的说如果要强迫他们实行，只有关闭工厂，使数千人失业"[①]。在这样的情况下，社会保险实务也只能在少数厂矿企业出现。为什么有的厂矿能够推行社会保险实务呢？这里有一个重要问题：社会保险的推行是否对企业主无任何好处而增加他们的负担呢？陈煜堃曾指出："大多国营机关对于工人已有医药和抚恤设施，但是，各机关情况都不统一，工人待遇也不一样，如果保险制度实施以后，各机关就可将原有医药、抚恤等负担，改作工人保险费的负担，而医药诊疗的设备，也就可以由保险社给以补助，或全部负担，这实际上对于雇主的负担不但不会增加，还可因制度化、规范化后减少管理的费用。"[②] 然而，能够认识并实行这一举措的企业主毕竟不多。这是因为，他们往往从自身临时的、片面的利益观出发，而不知道社会保险在保障劳工及其他职工群体生活和生产积极性，以及协调劳资关系方面具有多么重大的作用。

---

①　骆传华：《今日中国之劳工问题》，上海青年协会书局，1933，第 170 页。

②　陈煜堃：《社会保险与中国劳工》，《劳工月刊》第 5 卷第 9、10 期。

三 民国时期社会保险的缺陷

综观民国时期社会保险的实际效果，的确有不尽如人意之处。这首先表现为社会保险的实施范围比较狭小，仅限于部分厂矿企业，更何谈农村社会保险。同时，社会保险主要表现为商业人寿保险、强制储蓄以及社会保险的混合状态。但是，"当一个国家正处在建立自己的社会保障规划时，保险范围常常会是部分的或不平衡的。在一段时期内，可能是由各种规定拼凑起来的"[①]。正如当代学者所指出的，"从总体上看，旧中国没有完整的社会保险，只有在一些较大厂矿企业中，在工人斗争的压力下，实行了一些残缺的社会保险项目"[②]。民国时期并没有建立起包括失业保险、伤残保险、生育保险、养老保险等在内的、比较完善的社会保险制度。从西方社会保险制度的发展来看，从1601年英国《济贫法》到1883年德国《疾病保险法》，时间为282年；再到1948年英国首相艾德礼宣布英国第一个建成福利国家，又过去了65年。西方福利国家制度形成经过了3个世纪，社会保险制度普遍建立也有半个世纪。"工业革命后西方国家所逐步实行的福利国家制度，是几方面重大历史发展共同运作的结果：新的经济结构、新的社会阶级关系、相关的社会思潮，以及渐趋成熟的专门知识，并以强大、集权的政权来全面执行。这几项发展对西方福利国家的形成，缺一不可。"[③] 民国时期短暂的38年中，除了1927~1937年有一个较为稳定的经济建设时期外，其余时间则陷入更为严重的内乱外患之中，在此情况下，新的社会保障制度的实行，缺乏必要的历史条件。

---

① 国际劳工局社会保障司编《社会保障导论》，管静和、张鲁译，劳动人事出版社，1989，第14页。
② 王虎峰：《社会保险管理信息系统》，改革出版社，1999，第21页。
③ 梁其姿：《施善与教化——明清的慈善组织》，河北教育出版社，2001，第313页。

此外，现代工业在民国时期虽然有了初步发展，但在国民经济中所占比例始终较小，而且存在比例失调、布局不合理的情况，地区间的发展也极不平衡。不仅如此，在社会保险方面十分缺乏具有专业知识和管理能力的人才。有关的专业设置及专门学校几乎没有。在这样的条件下，社会保险制度是难以建立起来的。1949年后，台湾地区有学者认为，民国时期社会保障的"主要成绩仍只见于政策的制定与社会立法的颁布……人民并未享受到实质的福利"①。这一结论符合实际情况，但不能用历史虚无主义全盘否定。有人认为，"旧中国国民党政府，没有通过立法建立社会保障制度，从来没有制定过劳动法规，也没有建立保障机构。个别官僚资本企业和大型民族资本企业中有残缺不全的社保项目，多是流于形式。无论政府出台的一两项徒有其名的社会保障措施，还是个别企业的社保项目，都是一种缓和阶级矛盾、迷惑人民的手段，带有很大的欺骗性"②。毋庸置疑，这一看法无视历史事实，其观点应予否定。

其二，从社会保险立法来看，大多偏重于疾病保险和伤害保险，而养老保险、失业保险等所占比例较小，所以，社会保险立法暂无完整的法律体系，即使已制定的法规，也没有完全实行。除了川北盐场盐工保险外，1929年广东农工厅编纂的《劳工保险草案》、1932年实业部制定的《强制劳工保险法草案》、1947年国民政府《中华民国宪法》中规定实行的社会保险制度等，基本上都是徒具形式。曾经担任南京国民政府工矿检查处负责人的刘巨鳌曾经担心地指出："我固热望社会保险不久就成为我国的一种制度，但我又深恐

---

① 秦孝仪主编《中华民国社会发展史》（第3册），台北：近代中国出版社，1985，第1665页。

② 参见杨良初《中国社会保障制度分析》，经济科学出版社，2003，第33页。

社会保险太早见诸我国的法令。像社会保险这样的制度，无疑地应由法令来规定，不过仅靠法令的颁布，却不一定就会使其成为一种制度。"① 这的确是符合民国时期社会保险在立法与实施问题上的实际情况的真知灼见。

其三，社会保险的立法和实践过程中注重学习西方，没有结合中国自身实际存在的资源，给予二者很好的结合。保障的问题是人类发展中必须面临的问题，古今中外概莫能免，每一个国家和地区的人民都有其在漫长历史发展过程中形成的保障制度，可以为人们所借鉴、利用。社会部就《健康保险法草案》向高校和专家征询意见时便有人建议"我国现处抗战期间，值兹非常时期，似可仿照欧洲各先进国初期创办友爱会、共济社组织，采取我国旧有之合会、长寿会、葬亲会办法，以简而易行之相互保险方式，由各相关团体，组织小规模之保险社（或称保险协会）由政府指导监督，克期试办，逐渐推行，则我国之健康保险制度，不难树立。一般勤劳国民，亦能得到相当之保障"②。这一建议虽是注目于当前的困难情境，但其由小及大的渐进推行方式，对民间自发经济互助形式的借用，有利于开启民众对社会保险的认识。

其四，国家在社会保险实践中的主体作用并未得到彰显。无可否认，民国时期国家在宪法中规定要实施社会保险制度，社会保险立法有了不少成果。但是，民国政府社会保险法令的出台，其中很重要的原因是迫于劳工压力和社会群体的多方关注，目的是缓解劳资对立和冲突。当资本家与劳工对立时，主张劳资协调的政府往往倾向前者。

① 刘巨墼：《工厂检查概论》，商务印书馆，1934，第 232 页。
② "社会部草拟社会健康保险法并疑义解释（1947 年）"，中国第二历史档案馆藏档案，档案号：十一-6437。

资本家不满意《工厂法》对劳工权益的规定，南京国民政府"不得不在 1932 年 12 月对《工厂法》以及《工厂法施行条例》同时进行了修正，总体倾向是有利于工厂企业，而不利于工人的"①。在薄弱的经济基础上，为巩固自身统治，执政者强调"社会保险制度，在创办之初，应自简单及需要迫切者开始，……即系以劳工为主体"②。政府对社会保险的关注点仍落实在社会保险的政治稳定器作用而不是劳工群体的切身利益。在抗战胜利后，还曾经建议在上海举办伤害保险，"以期安定劳工生活进而防止工潮"③。

　　社会保险的实施过程中常常由工人、雇主、国家三方分担保险费用，民国政府在强调社会保险的同时，却始终缺乏对保险费用的担当，往往将其推给雇主或社会，如商业性质之人寿保险或强制储蓄等，政府的主体作用并未突出。正因如此，社会保险不可能在全社会起到有效的作用。民国时期政府所重视的简易人寿保险的衰落说明："当福利性社会保障制度尚未建立，或仅由个别企业对本企业退休职工实行一些福利待遇而并未形成全社会的制度，特别是没有政府筹划和投入时，商业性人寿保险公司是不可能替代履行福利性社会保障职能的。"④

　　同时，南京国民政府在战后并未为实行社会保险制度创造有利条件，而是在应休养生息的时候发动了内战。当社会部中央保险局筹备

---

①　张忠民：《20 世纪 30 年代中国〈工厂法〉的颁行及其社会反响》，经济学家（http：//www.jjxj.com.cn），2005 年 4 月 3 日。

②　"奉令另拟劳动保险法草案呈核谨将拟订社会保险法原则草案及健康保险法草案之理由及修改条文呈复仍请转国防最高委员会核示由（1942 年 8 月 26 日）"，中国第二历史档案馆馆藏档案，档案号：十一-6437。

③　"周光琦签呈（1947 年 11 月 30 日）"，中国第二历史档案馆馆藏档案，档案号：十一-6438。

④　杜恂诚：《近代中国的商业性社会保障——以华安合群保寿公司为中心的考察》，《历史研究》2004 年第 5 期。

处将伤害保险法草案寄送国际劳工局等处征询意见时，英国驻华大使馆劳工参赞亨特来函清楚地指出其缺乏实施条件："你是否曾充分估计到，在中国目前困难的情况下，推行这种复杂的计划各种可能发生实际困难，尤其是这计划绝对需要高度的行政，而基金的适当征收和支出，更为这计划推行成功所不可或缺者。"① 在内战激烈、通货膨胀持续下的中国，社会保险制度的建设已经失去可能性。

马克思有言："人们自己创造自己的历史，但是他们并不是随心所欲地创造，并不是在他们自己选定的条件下创造，而是在直接碰到的、既定的、从过去承继下来的条件下创造。"② 民国时期，社会保险制度已经初创，并对中国现代社会保障制度的建立产生了影响。这一时期的社会保险虽有不足，其历史作用仍值得肯定，对我们今天仍有启发意义。我国自古就有"使老有所终、壮有所用、幼有所长、矜寡孤独废疾者皆有所养"的大同社会理想，从民国到共和国，对这一理想社会的不断追求今天仍在继续，社会保险是实现这一理想的制度基础。一方面，民国时期的社会保险，相对于中国传统以来以家庭、宗族为保障依托，以社会救济、社会抚恤为主要内容的社会保障制度来说，是中国社会保障制度由传统向现代转变过程中的新生事物，是对现代社会保障事业的有益探索。民国时期社会保险说明社会保险是一定社会经济条件下的产物，社会保险要求不可能超越其基础之上。另一方面，社会保险又具有社会性和政治性，因此不可能等到社会经济条件完全成熟才予以实行。执政党在面对这一问题时，既要满足人民对社会保险的需要，又要兼顾实际的经济基础。民国时期苏区劳动保

---

① "英国驻华大使馆劳工参赞亨特来函（1948 年 9 月 11 日）"，中国第二历史档案馆藏档案，档案号：十一-6505。

② 《马克思恩格斯选集》第 1 卷，人民出版社，1972，第 603 页。

险实践中出现的过"左"倾向最终不利于其实行。国民政府川北盐场盐工保险实践既不是在现代城市中也不是在现代企业中进行，根据当地情况实行的婚娶保险项目，适应了盐工的实际需要，起到了维护盐工生活、稳定生产的作用。当前我国正在进行以社会主义市场经济为基础的改革，国家保险模式的社会保障制度也在改革之中，"改革的目的在于重新确立与市场经济相适应的社会化社会保障制度"[①]。2011年《社会保险法》出台，其后一系列配套法规、规章和规范性文件的陆续制定和实施。这意味着我国社会保险工作已经全面进入法制化的轨道，以社会保险为制度核心的社会保障道路正在21世纪呈现新的面貌。抚今追昔，民国时期社会保险制度对于我们认识和解决当前社会保险事业发展的重点和难点问题，当有裨益。

---

① 郑功成：《社会保障学》，商务印书馆，2000，第296~277页。

参考文献

一 历史文献

1. 档案

湖北省档案馆馆藏部分档案，档案号 LS1－2，LS6－2，LS6－3，LS56－9。

上海市档案馆馆藏部分档案，档案号 Q5－5－1379，Q5－5－1380，Q6－15－237，Q361－1－214，R47－1－15－104，S170－1－29。

武汉市档案馆馆藏部分档案，档案号 9－18－27，9－31－1024，18－10－2075，63－1－50。

中国第二历史档案馆馆藏部分档案，社会部全宗号十一、内政部全宗号十。

《中华民国史档案资料汇编》第五辑第二编财政经济（七）、第五辑第二编政治（五），江苏古籍出版社，1998。

2. 文史论丛等

北京图书馆编《民国时期总书目（1911—1949）社会科学（总类

部分)》，书目文献出版社，1995。

蔡鸿源主编《民国法规集成》第 14、29、55、62 册，黄山书社，1999。

《东北各公营企业劳动保险工作概况》，东北人民政府劳动总局编印，1950。

《20 世纪上海文史资料文库》(6)、(9)，上海书店出版社，1999。

国民政府实业部年鉴编辑委员会编《二十一年中国劳动年鉴》，国民政府实业部编印，1932。

国民政府实业部年鉴编辑委员会编《二十二年中国劳动年鉴》，国民政府实业部编印，1934 年。

《革命文献》第 76、96、97、98、99、100、101 辑，台北："中央"文物供应社，1978。

湖南省档案馆编《湘鄂赣革命根据地文献资料（第一辑)》，人民出版社，1985。

《劳动保险工作专辑》，湖北省人民政府编印，1951。

交通部编《中国政府关于交通四政劳工事务设施情况》，祁世宝印局，1922。

《简阳文史资料选辑》第 11 辑。

李文海主编《民国时期社会调查丛编》（社会保障卷)、（劳工生活卷)，福建教育出版社，2004。

《龙泉文史资料》第 38 辑。

《绵阳文史资料选辑》第 5 辑。

《内江县文史资料》第 13 期。

《内江文史资料选辑》第 7 辑。

荣孟源主编《中国国民党历次代表大会及中央全会资料》，光明日报出版社，1984。

《四大社会政策纲领及其实施办法》，社会部编印，1946。

《社会行政统计》，社会部统计处编印，1946。

《社会保险法原则》，社会部编印，1948。

《三台文史资料选辑》第1、3辑。

《四川文史资料》第11、21辑。

《上海文史资料》第60、69、80辑。

《射洪文史资料》第5辑。

王清彬等编《第一次中国劳动年鉴》，北平社会调查部，1928。

《文史资料选辑》第19、31、44、115、126辑。

邢必信等编《第二次中国劳动年鉴》，北平社会调查所，1932。

周华孚、颜鹏飞主编《中国保险法规暨章程大全（1865-1953)》，上海人民出版社，1992。

中国纺织建设公司劳工福利委员会编《劳工福利规章汇编》，1947。

《重要劳工问题简答》，社会部组织训练司编印，1947。

中华全国总工会中国职工运动史研究室编《中国历次全国劳动大会文献》，工人出版社，1957。

中华全国总工会中国职工运动史研究室编《中国工会历史文献（1921、1-1927、7)》，工人出版社，1958。

中央档案馆编《中共中央文件选集》第7册，中共中央党校出版社，1991。

中国人民政治协商会议西南地区文史资料协作会议编《抗战时期西南的金融》，西南师范大学出版社，1994。

中国人民政治协商会议西南地区文史资料协作会议编《西南民众

对抗战的贡献》，贵州人民出版社，1992。

《中华文史资料文库》（5）、（14），中国文史出版社，1996。

二　主要报纸、杂志

《保险季刊》

《保险界》

《东方杂志》

《社会工作通讯月刊》

《万国公报》第16、21、35、39 册。

三　专著

敖文蔚：《中国近代社会与民政》，武汉大学出版社，1992。

《贝弗里奇报告——社会保险和相关服务》，中国劳动社会保障出版社，2004。

蔡勤禹：《国家、社会与弱势群体：民国时期的社会救济》，天津人民出版社，2003。

陈达：《中国劳工问题》，商务印书馆，1929。

《我国抗日战争时期市镇工人生活》，中国劳动出版社，1993。

陈国钧：《社会政策与社会立法》，台北：三民书局，1984。

陈红霞：《社会福利思想》，社会科学文献出版社，2002。

陈煜堃：《社会保险概论》，南京经纬社，1946。

陈凌云：《现代各国社会救济》，商务印书馆，1936。

陈云中：《保险学》，台北：五南图书出版公司，1985。

陈振鹭：《现代劳动问题论丛》，书报合作社，1933。

邓大松主编《社会保险》，中国劳动社会保障出版社，2002。

复旦大学社会学系丛刊：《社会事业与社会建设》，独立出版社，1942。

龚书铎主编《中国社会通史》（民国卷），山西教育出版社，1996。

郭士征：《社会保障——基本理论与国际比较》，上海财经大学出版社，1996。

国际劳工局社会保障司编，管静和、张鲁译《社会保障导论》，劳动人事出版社，1989。

《国际劳工组织与中国》，国际劳工局中国分局，1948。

何德明编著，吴泽霖校订《中国劳工问题》，商务印书馆，1937。

黄立人：《抗战时期大后方经济史研究》，档案出版社，1998。

柯象峰：《社会救济》，正中书局，1944。

李憬渝、赵立人：《各国经济福利制度》，四川人民出版社，1986。

林嘉：《社会保障法的理念、实践与创新》，中国人民大学出版社，2002。

刘明逵主编《中国近代工人阶级和工人运动》，中共中央党校出版社，2002。

刘巨壑：《工厂检查概论》，商务印书馆，1934。

刘悦斌、常宗虎：《中国社会福利史》，中国社会出版社，2002。

陆仰渊、方庆秋主编《民国社会经济史》，中国经济出版社，1991。

骆传华：《今日中国劳工问题》，上海青年书会印书局，1933。

罗运炎：《中国劳工立法》，中华书局，1939。

罗荣渠：《现代化新论续编》，北京大学出版社，1997。

秦孝仪主编《中华民国社会发展史》，台北：近代中国出版社，1985。

吴耀麟：《社会保险之理论与实际》，上海大东书局，1932。

吴至信：《中国惠工事业》，世界书局，1940。

吴申元、郑温瑜：《中国保险史话》，经济管理出版社，1993。

谢振民：《中华民国立法史》，中国政法大学出版社，2000。

徐雪筠、陈曾年、许维雍译编《上海近代社会经济发展概况》，上海社会科学院出版社，1985。

薛毅：《国民政府资源委员会研究》，社会科学文献出版社，2005。

杨雅彬：《近代中国社会学》，中国社会科学出版社，2001。

阎明：《一门科学和一个时代——社会学在中国》，清华大学出版社，2004。

颜鹏飞：《中国保险史志（1805-1949）》，上海社会科学院出版社，1989。

严忠勤：《当代中国的职工工资福利和社会保险》，中国社会科学出版社，1987。

岳宗福：《近代中国社会保障立法研究（1912-1949）》，齐鲁书社，2006。

张法尧：《社会保险要义》，上海华通书局，1931。

张希坡编著《革命根据地的工运纲领和劳动立法史》，中国劳动出版社，1993。

郑功成：《社会保障学——理念、制度、实践与思辩》，商务印书馆，2000。

中国保险学会：《中国保险史》，中国金融出版社，1998。

中国劳工运动史编纂委员会：《中国劳工运动史》，台北：中国劳工福利社，1959。

周积明、宋德金主编《中国社会史论》，湖北教育出版社，2000。

朱邦兴：《上海产业与上海职工》，上海人民出版社，1984。

〔法〕安克强：《1927—1937 年的上海——市政权、地方性和现代化》，张德培、辛文锋、肖庆璋译，上海古籍出版社，2004。

〔法〕白吉尔：《中国资产阶级的黄金时代（1911—1937）》，张富强、许世芬译，上海人民出版社，1994。

〔德〕基希：《秘密的中国》，周立波译，东方出版中心，2001。

〔美〕裴宜理：《上海罢工》，刘平译，江苏人民出版社，2001。

〔美〕费正清：《中国：传统与变迁》，张沛译，世界知识出版社，2002。

〔日〕小滨正子：《近代上海的公共性与国家》，葛涛译，上海古籍出版社，2003。

四　论文

敖文蔚：《1927—1937 年中国保险业发展艰难之原因》，《民国档案》2000 年第 2 期。

陈竹君：《南京国民政府劳工福利政策研究》，《江汉论坛》2002 年第 6 期。

《试论抗战时期国民政府的劳工福利政策及其缺陷》，《民国档案》2003 年第 1 期。

《南京国民政府社会福利立法初探》，《民国档案》2005 年第 1 期。

杜恂诚：《近代中国的商业性社会保障——以华安合群保寿公司为中心的考察》，《历史研究》2004 年第 5 期。

李琼：《民国时期社会保险初探》，《华中科技大学学报》（哲社版）2006年第1期。

《20世纪40年代川北盐场盐工保险述论》，《民国档案》2006年第4期。

刘见祥：《我国社会保险政策与实践研究》，台湾私立文化大学博士论文，1991。

吕伟俊、岳宗福：《论中国共产党在新中国成立前领导的社会保险立法》，《山东大学学报》（哲科版）2005年第4期。

麻光炳：《西方近代保险思想在中国的传播及中国民族保险业的兴起》，《贵州大学学报》（社科版）2000年第9期。

杨昌梯：《中华苏维埃时期的社会保险》，《中国社会保障》1997年第8期。

齐瑜：《民国时期社会保障建设中的劳工保护问题》，中国人民大学博士论文，2003。

饶东辉：《民国北京政府的劳动立法初探》，《近代史研究》1998年第1期。

《试论大革命时期国民党南方政权的劳动立法》，《华中师范大学学报》（哲社版）1997年第4期。

宋士云：《民国时期中国社会保障制度与绩效浅析》，《齐鲁学刊》2004年第5期。

石水：《中央苏区的社会保障立法》，《中国劳动保障》2001年第7期。

田毅鹏：《西学东渐与近代中国社会福利思想的勃兴》，《吉林大学社会科学学报》2001年第4期。

汪华：《近代上海社会保障事业初探（1927—1937）》，《史林》

2003 年第 6 期。

《近代上海社会保障研究（1927－1937）》，上海师范大学博士论文，2006。

王娟：《孙中山的社会保障思想及实践》，《华南师大学报》2005年第 1 期。

王君南：《基于救助的社会保障体系——中国古代社会保障体系研究论纲》，《山东大学学报》（哲科版）2003 年第 5 期。

王庆德：《民国年间中国邮政简易寿险述论》，《历史档案》2001年第 1 期。

王卫平：《论中国古代慈善事业的思想基础》，《江苏社会科学》1999 年第 2 期。

锡人：《东北解放区创建的社会保障制度》，《劳动保障通讯》2001 年第 7 期。

徐广正：《三民主义劳工保险制度保障劳工生存权之研究》，台湾中国文化大学博士论文，1993。

叶重豪：《黄安县苏维埃政府社会保险局纪事》，《湖北档案》2002 年第 12 期。

岳宗福、聂家华：《国民政府社会保险立法述论》，《山东农业大学学报》（社科版）2004 年第 4 期。

岳宗福、吕俊伟：《国际劳工组织与民国劳动保障立法》，《烟台大学学报》（哲社版）2007 年第 1 期。

赵宝爱、龚晓洁：《抗战前青岛的社会保障事业》，《东方论坛》2005 年第 4 期。

后　记

　　《民国时期社会保险理论与实践研究》一书是在博士学位论文的基础上形成的。在最终定稿之际，首先要特别感谢我的导师敖文蔚教授。先生以其敏锐的学术眼光给我选定了这一论题，悉心指导论文的完成，更对我的工作给予关心和帮助。感激之情，难以言表！

　　李少军教授、彭敦文教授、薛毅教授、黄岭峻教授也给予我不少指导，颜鹏飞教授慷慨赠书，在此致以深深的谢意！

　　一直以来，华中科技大学历史研究所罗家祥教授、雷家宏教授和李传印教授在工作、学习及生活上给予我多方关心和帮助；张超副教授和夏增民博士、刘金华博士在工作上给予我很大的帮助，在此表示衷心的感谢！

　　丁兰、董恩强、张明、赵鹤平、张华、周珊、周有志和同门李铁强、张泰山、张超、万江红、王蓉、蔡双全及周俊利以不同方式给予我关心和帮助，感谢他们！

　　感谢华中科技大学文科处和湖北省社科办对本书出版的大力支持！

　　感谢社会科学文献出版社宋月华老师和杨春花老师的热情支持，

感谢本书责任编辑叶娟认真、细心的工作！

最后，感谢父母和家人！

只因自己天资愚钝，也不够勤奋，本书尚未能达到令师友满意的程度，愧然不安之时，唯勉励自己继续努力，以不负师友、亲朋多年来的关心和支持。是为记。

李　琼

2014 年 9 月

图书在版编目（CIP）数据

民国时期社会保险理论与实践研究/李琼著.—北京：社会科
学文献出版社，2014.10
ISBN 978-7-5097-6678-1

Ⅰ.①民…　Ⅱ.①李…　Ⅲ.①社会保险-经济史-研究-中
国-国民　Ⅳ.①F842.9

中国版本图书馆 CIP 数据核字（2014）第 247820 号

民国时期社会保险理论与实践研究

著　　者 / 李　琼

出 版 人 / 谢寿光
项目统筹 / 宋月华　杨春花
责任编辑 / 叶　娟

出　　版 / 社会科学文献出版社·人文分社（010）59367215
　　　　　 地址：北京市北三环中路甲 29 号院华龙大厦　邮编：100029
　　　　　 网址：www.ssap.com.cn
发　　行 / 市场营销中心（010）59367081　59367090
　　　　　 读者服务中心（010）59367028
印　　装 / 北京季蜂印刷有限公司

规　　格 / 开　本：787mm×1092mm　1/16
　　　　　 印　张：14　字　数：173 千字
版　　次 / 2014 年 10 月第 1 版　2014 年 10 月第 1 次印刷
书　　号 / ISBN 978-7-5097-6678-1
定　　价 / 69.00 元